勧進・国人・仏教文化

——中世土佐幡多荘の寺院と地域社会

東近　伸

22世紀アート

まえがき

本書は、土佐幡多荘において展開された金剛福寺の勧進活動だけでなく、幡多荘の経済的文化的な都鄙間交流、国人の動向と信仰等、幡多荘の地域社会の実態を解き明かそうとした意欲的な論文である。古文書、古記録の丁寧な読解により、従来の研究において見落とされてきた新知見、また訂正すべき個所が随所に見られる。

従来の金剛福寺文書を中心にした幡多荘の先行研究において等閑視してきた寺院と地域社会との関係を、勧進と結縁による支配と信仰の視点から古文書・古記録を読み直し、地域社会に暮らす住民の動向を明らかにしたことは評価される。

今後、中世金剛福寺の組織や経営等、さらには、寺院や仏教文化の展開について、歴史地理学・民俗学的な手法も採用しながら、巨視的な視座と豊富な事例の分析によって土佐国幡多荘の地域史研究としてまとめられることを期待したい。

平成二十六年（二〇一四）三月

佛教大学教授　今堀　太逸

目次

序　章　土佐幡多荘における地域史研究の課題と本書の目的

第一節　土佐幡多荘について

土佐は南海道の一国で、四国の南端に位置する。東は紀伊水道をへだてて紀伊を、西は豊後水道をへだてて豊後と日向とを望み、北東は四国山地を境として阿波に、北西は伊予に接し、南は土佐湾に面する。三方を海にかこまれた山と海の国である。東から安芸、香美、長岡、土佐、吾川、高岡、幡多の七郡に分かれ、幡多郡は土佐の西端に位置する。その中央に四万十川が貫流し、支流である中筋川

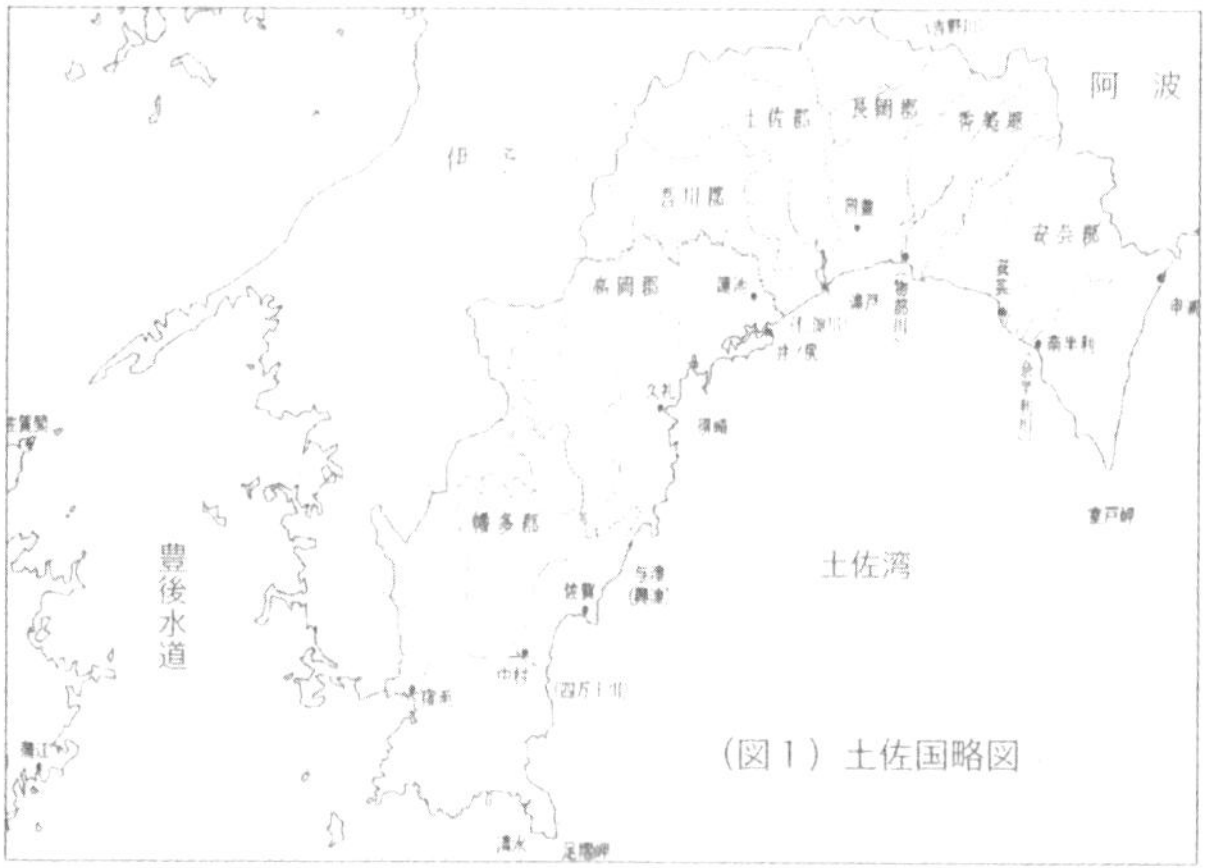

（図１）土佐国略図

や後川流域に沖積平野がひらけている。また土佐国衙（長岡郡）からは遠く隔たり地理的にはむしろ豊後水道を隔てて九州に近く、九州や南予との交流により、土佐の他地域と異なる独自の経済、文化圏を形成してきた。

幡多郡は海上交通の面では南九州から足摺岬沖を黒潮に乗って土佐湾沿いに北上するコースと、豊後水道より瀬戸内に入るコースの分岐点に位置し、海上交通の要衝として中央権門に注目されてきた。足摺岬に千手観音菩薩が祀られ金剛福寺が観音霊場とされたのも、このような足摺岬沖を航行する船の安全祈願が意識されていたものと思われる。

土佐は平安時代末より藤原摂関家の知行国であったが、鎌倉期に至り、土佐西部の幡多郡全域を領域とする広大な荘園、九条家領幡多荘として立荘され、一条家に伝領された。平安期末の藤原基実の知行国を経て、治承二年（一一七八）には藤原経宗が知行国主となり（1）、建久四年（一一九三）には藤原頼実が土佐知行国主となっている（2）。九条兼実は元久三年（一二〇六）、息子の良経が死去した際に、後鳥羽上皇より土佐を九条家の知行国として賜り、嫡孫の道家に伝領された。藤原長兼の日記『三長記』によれば(3)、兼実は土佐守には藤原家行を任じ、かつ、目代を仲重に命じているが、同時に土佐の国務を長兼に行わせている(4)。

九条家の土佐知行国は以後継続し、幡多荘の成立は、嘉禎三年(一二三八)の香山寺寄進状(金剛福寺文書)に「土佐国幡多御荘本郷内」の記載があり幡多荘が九条家領として成立していたことが明らかである。幡多荘は、知行国主九条道家のもとで、近臣である国守(5)の承認と在地からの働きかけによって立荘されたものと推定される。

幡多荘は鎌倉中期の建長二年(一二五〇)に九条道家より一条実経に伝領されている。「九条道家総処分状」によると九条道家より前摂政(四男の一条実経)に譲与された四十ヶ所の所領のうち、新御領とされる十七ヶ所の一つに土佐国幡多郡が見える。実経に伝領された幡多荘の領域は、幡多郡のほぼ全域(本庄・大方庄・山田庄・以南村)と加納として高岡郡・久礼を含んだ広範囲な地域となっている(6)。鎌倉後期の正安二年(一三〇〇)

の左大将家政所下文（第一部第二章、史料7参照）には①～⑪の村々の名が見られ、中世の村落が形成されていた。（図2参照）

一条家の土佐知行国支配について、『香宗我部家伝証文(7)』に土佐国司庁宣(8)が見られる。（写真1参照）

一条実経は文永元年（一二六四）から文永三年（一二六六）までと弘安四年（一二八一）には、土佐知行国主であり、家司・源成

（図2）土佐国幡多荘略図

正安2年（1300）金剛福寺奉賀米供出村の分布

経を土佐守としている(9)。

成経は直接土佐国衙には赴任せず、庁宣を留守所の在庁官人等に下して留守所の在庁官人が実際の国務を執行した。庁宣に成経は「大介源朝臣」と署名し、庁宣の袖には、一条家政所別当の源則長が袖判を記している。これは土佐国務について発給する庁宣に、一条家政所別当源則長が、知行国主実経の代理である国務奉行人として承認を与えた事を示している。

国主の発給する文書である庁宣が文書として確立する鎌倉中期以降、国守は次第に有名無実化し、名国司が増加する。後には庁宣の多くが

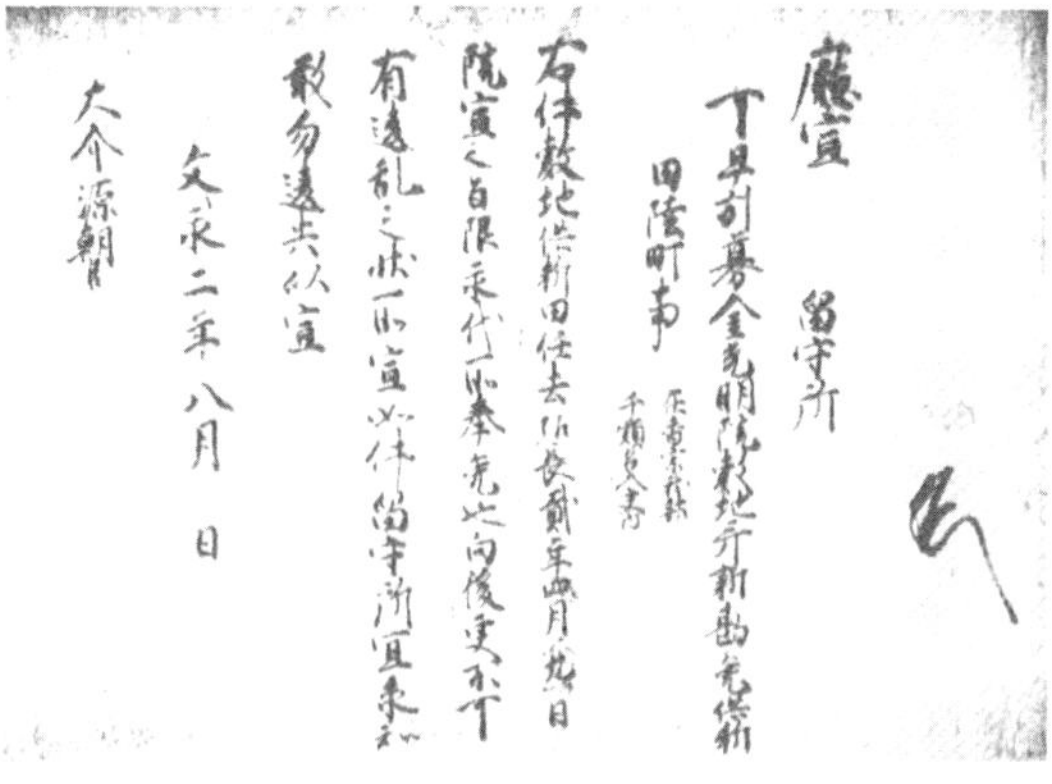

（写真１）土佐国司庁宣（横 53.6 センチ × 縦 34 センチ）
香宗我部家伝証文（東京国立博物館所蔵）

国守の署判を持たなくなり、国主（あるいは国務奉行人）の袖判のみを持つようになる点が指摘されている。国務奉行人制は、知行国主が国務を完全に掌握する鎌倉期に全面的に展開したと考えられる（10）。幡多荘は、土佐知行国主一条家の荘園として、一条家政所が政所下文や御教書等を発給して指示を行い、現地の預所や沙汰人らが荘務を行っていた。源則長は土佐国の国務奉行人として土佐の国務を統括するのとほぼ同時期に一条家政所別当として、金剛福寺に発給した前摂政家（実経）政所下文に署判を行っている。

『金剛福寺文書』には一条家政所下文や御教書等が多数見られ、醍醐源氏の源則長、源則任、源清兼らが一条家政所別当・奉行人として荘務を担当したことが明らかにされている（11）。幡多荘の荘園支配においては、一条家政所下文の宛所は「沙汰人百姓等」として発給され、また預所による幡多荘本郷宛の下文も見られることから、一条家の幡多荘支配は、一条家当主—一条家政所別当（上家司）—預所（下家司）—沙汰人（荘官）というシステムによっておこなわれたものと考えられる。（表1、金剛福寺文書一覧参照）

中世には、幡多郡の産物は四万十川の河川交通により集積され、水運によって中央に搬送されたものと推定される。幡多荘の立荘により摂関家はこれらの富を直接、国衙を介さずに自家の所領として永続的に把握することが可能となった。また一方において幡多荘の立荘は、幡多地域の人々にとっても、土佐国衙の支配を離れ、社会経済的に摂関家と直接関係を持つことによる地域社会発展の契機であり、中世の幕開けであったということができる。

このように幡多荘は、知行国主一条家の荘園として、直接中央との経済的文化的な都鄙間交流を行うことにより、中世を通じて土佐の中で独自の地域的展開を遂げていくことになる。

幡多荘は、以後、南北朝期の動乱の時代から室町期にも一条家の荘園支配が維持され、応仁の乱後の戦国期には、当知行維持のために当主の一条教房が土佐に下向して幡多荘の直務支配を行うなど、戦国期末まで一条家の所領として存続した。地域社会の具体的実相については以下各章において論考していきたい。

第二節　幡多荘と中世地域史研究の現状

□幡多荘についての研究は荘園史の観点から進められてきた。山本大氏は、「成立期の幡多荘」(『日本歴史』一六六号、一九六二年)において、『金剛福寺文書』を利用し平安期末から鎌倉・南北朝期にわたって、初期の幡多荘についての概略を試みている。その中で鎌倉中期の文永以前から幡多荘本郷には船所職がおかれていたことに注目し、四万十川河口の下田におかれたものとされた。幡多荘については秋沢繁氏が『講座日本荘園史』10、四国・九州地方の荘園、(二〇〇五年)「土佐国」に詳述される。また、池内敏彰氏が国司庁宣の袖判に着目し鎌倉期の一条家の幡多荘支配について論考した「一条摂関家と土佐幡多庄―鎌倉時代を中心に―」(『土佐史談』二一六号、二〇〇一年)がある。

□金剛福寺については、前田和男氏が「土佐の古代寺院」『土佐古代史の研究』（一九七五年）で、金剛福寺は平安期に嵯峨天皇の勅願所として創建された幡多地方の古代寺院とされ『金剛福寺文書』を引いて嘉応元年頃には国司や在地有力者の掠奪にあい「本堂已破壊」するという有様であったとされ、古文書に記載された「法行寺及び間前寺なる寺院はいずれも金剛福寺の末寺であろう」と指摘している。

金剛福寺は宗教史の観点から研究され、根井浄氏は『補陀落渡海史』（二〇〇一年）の「補陀落渡海の諸相」において『金剛福寺文書』を検討し、金剛福寺の観音信仰と補陀落渡海について言及している。

市村高男氏は「中世日本の中の蹉跎山金剛福寺―土佐一条氏との関連を中心にして―」『よど』八号（二〇〇七年）で、土佐幡多郡（幡多荘）が中世「日本国」の南の境界領域であったことに着目し、『金剛福寺文書』により摂関家一条氏の幡多荘支配と金剛福寺の盛衰を論じている。

□水運史に関して、下村效氏は戦国期の土佐一条氏と対明貿易や南海路交易について言及され「戦国期南海路交易の発展」『戦国・織豊期の社会と文化』（一九八二年）で、天文九年（一五四〇）に堺商人が金剛福寺に寄進した仏具の銘文等から堺の商圏が南海路により土佐幡多まで伸びていたとされ、南海路による活発な都鄙間交流を指摘している。また、市村氏は文献史料のみでなく考古学の発掘調査の成果から幡多郡が質量ともに多くの貿易陶磁器を出土している点に着目し、土佐一条氏の海外交易についてもその可能性を論じている。また、豊後に来朝した明国人、鄭舜功の記録『日本一鑑』から戦国期の南海路について論考した秋澤繁氏の「『日本一鑑』から見た南海路―公家大名一条家治下の土佐を中心として―」『長宗我部元親・盛親の栄光と挫折』（二〇〇一年）がある。

□土佐一条氏の研究は一条氏が御所をおいた戦国期の中村について論じた野村晋域氏の「戦国時代における荘園より都市への発展」『社会経済史学』第四巻一一号（一九三五年）を嚆矢とする。また、宗教史の観点からキリシタンの一条兼定についての研究は松田毅一氏の「初期のキリシタン、四、土佐」『キリシタン研究、第一部』（一九五三年）がある。戦国期の一条氏について山本大氏は一条氏が荘園領主より封建領主たる戦国公家大名へと転化したとして「幡多庄と公家大名一条氏の発展」『土佐中世史の研究』（一九六七年）で論考している。

一九七〇年前後より県や市町村の自治体史の編纂が盛んにおこなわれ、『高知県史』十巻が刊行された。山本大氏（高知大学）により土佐の中世史研究がまとめられ『高知県史古代中世編』（一九七一年）が刊行された。

県史の刊行と相前後して幡多地域では『中村市史』（一九六九年）、『宿毛市史』（一九七七年）、『土佐清水市史』（一九八〇年）等が刊行された。これらの自治体史の編纂の過程で、それまで軍記物語等の近世編纂史料に依拠してきた土佐一条氏についての実証的研究が中世地域史研究の課題の一つとなった。その結果、戦前の郷土史研究者、小松泰氏の土佐一条氏についての研究が改めて注目され、その研究ノートをまとめた『土佐一条家年表』、朝倉慶景監修、一條兼定没後四〇〇年記念実行委員会、（一九八五年）は、土佐一条氏研究の基礎資料となっている。

朝倉慶景氏は、土佐一条家奉行人康政について「土佐一条兼定文書に見られる康政についての一考察」『土佐史談』一六八号（一九八五年）をはじめ土佐一条氏に関する論考を次々に発表している。また、石野弥栄氏は、土佐一条氏の発給文書から一条氏の性格について論じた「戦国期の公家大名土佐一条氏の性格」『国学院雑誌』八八―一〇、（一九八七年）がある。

池内敏彰氏は一条教房の幡多荘下向について論考した「雑事記に見る畑下向云々」（上・下）」『土佐史談』一九二号・一九三号（一九九二年）があり「一条氏研究」、『中村高等学校研究紀要』分冊（一九九二年）をまとめている。渡辺哲哉氏は土佐一条氏の実態について、京都下鴨社から土佐一条氏への社領の納銭依頼、津野氏に対する京夫銭運上と軍役負荷、飛鳥井氏の役割、金剛福寺との関係等から土佐一条氏と土佐国人との関係について、

「土佐一条氏について—対国内諸国人関係に於ける「各別」の意味」『海南史学』三三号、（一九九五年）で論考している。

戦国期公家の所領への下向についての研究は、公家領荘園の直務について論考し一条家の幡多荘直務支配に言及した安西欣治氏の「一条家三代他に見る家領への下向」『崩壊期荘園史の研究』（一九九四年）や、戦国期公家衆の在国について論じた菅原正子氏の「公家衆の在国」『中世公家の経済と文化』（一九九八年）がある。

秋沢繁氏は兼定の豊後没落後も長宗我部氏のもとで在国公家として存続した土佐一条家について「織豊期長宗我部氏の一側面—土佐一条家との関係（御所体制）をめぐって—」『土佐史談』二一五号（二〇〇〇年）等の論考がある。中脇聖氏は「戦国期土佐一条氏研究の成果と課題」『土佐史談』二一七号（二〇〇一年）で土佐一条氏についての研究を整理している。拙稿「土佐国人加久見氏と金剛福寺の関係について—蓮光寺勧進状を中心に—」『土佐史談』二二六号（二〇〇四年）は寺社資料を活用し土佐一条氏の成立と国人加久見氏について論考している。その他、『土佐史談』等に土佐一条氏に関する多数の論考が見られる。
□考古学の発掘調査に基づく研究は、一九八〇年代に地域開発が進む中で、幡多地域においても中村城跡が市街地の宅地開発に伴う防災工事によって、(一九八三年)、栗本城跡が貯水槽の設置のため、(一九八三年)、埋蔵文化財の事前発掘調査が行われた。その後、中村、宿毛高規格道路建設に伴う中筋川流域の江ノ村の発掘調査(一九九二年)が実施されるなど、道路建設に伴う山城の縄張調査や遺跡の発掘調査等が行われ、中世城郭遺跡についての関心が高まった。
松田直則氏は発掘調査のデータと『地検帳』および『地籍図』の情報により中世後期の江ノ村(四万十市)の復元を試み「中世江ノ村の復元」『高知県埋蔵文化財センター発掘調査報告書』一三、(一九九三年)にまとめた。また、中筋川流域の「船戸遺跡」や「具同中山遺跡」の発掘調査では多数の瓦器や貿易陶磁が出土し四万十川、中筋川水運による商品流通と都鄙間交流が想定された。松田氏はこれらの遺跡発掘調査の成果をふまえ「四万十川流域の中世河津」『津・泊・宿―中世都市研究』（一九九六）を発表している。

一条氏が御所をおいた幡多荘中村についての人文地理学的研究は、島田豊寿氏が『城下町の歴史地理学的研究』（一九六七年）で『長宗我部地検帳』の検討により戦国期の一条氏の城下町中村について研究をすすめた。その研究を受け継いだ小林健太郎氏は、「一条氏の城下・幡多郡中村市町」『戦国城下町の研究』（一九八五年）をまとめている。また、西南歴史文化研究会中村支部は『地検帳』と『地籍図』から戦国期の中村の街並みの復元を試み、『土佐の小京都中村―その歴史・町並み復元と史跡』（二〇〇七年）をまとめている。市村高男氏はこれらの復元をもとに「戦国都市中村の実像と土佐一条氏」『よど』一〇号（二〇〇九年）を発表している。

このように近年、考古学や人文地理学のアプローチによる中世地域史研究の成果が生まれている。

土佐一条氏について、文献史料による研究と考古学の発掘調査や石造物調査等による学際的な研究を目指して、市村高男氏（高知大学）を研究代表者に、二〇〇二年～二〇〇四年と二〇〇五年～二〇〇七年の二次・六年間にわたり「中世土佐一条氏関係の史料収集および遺跡調査とその基礎的研究」の題名のもと、土佐一条氏関係史料の収集作業と城館跡の調査・縄張り図作成や高知県内の既出土遺物の集計作業、石造物の調査が実施された。さらに二次では、「海運・流通から見た土佐一条氏の学際的研究」の題名で、一条教房後室生家（加久見氏）の本拠の発掘調査を中心に、その関連城館、寺社遺跡や石造物の調査、港湾調査などを推進し、土佐一条氏が権力基盤としたものの実態を解明しつつ、交流・交易等への関与などについて多方面からの検討を試みた。これらの学際的な土佐一条氏に関する調査研究の成果は『中世土佐の世界と一条氏』市村高男編、（二〇一〇年）にまとめられた。今後、これらの貴重な成果の上に、新たな土佐一条氏と中世地域史研究の展開を期待したい。

第三節　研究史料について

1　文献史料について

山本大氏は「地方史研究の現状、四国（一）高知県」『日本歴史』二一四（一九六六年）で「中世では、長宗我部氏時代以前の鎌倉・室町時代は断片的史料しかなく、そのうえ県内にはほとんど史料が残存せず、県外各方面の大量の資料の中から関係分を摘出しなければ十分な研究ができない状況である」と指摘している。山本氏は『高知県史古代中世編』の編纂にあたり、『吾妻鏡』、『公卿補任』、『九条家文書』、『東福寺文書』、『玉葉』、『山槐記』、『三長記』、『大乗院寺社雑寺記』、『玉英記抄』、『後奈良天皇宸記』、『宣胤公記』、等の古記録や公家、僧侶の日記等から土佐に関する史料を抄出し活用している。本研究においても山本氏をはじめとする先行研究に学びつつこれらの古記録や日記から幡多荘や一条家に関する史料を博捜し地域史研究に取り組んできた。

『長宗我部地検帳』一九巻、高知県立図書館（一九六三年）は中世地域史研究の基礎史料として政治史、経済史等の分野で多くの研究があり、社会史や宗教史、人文地理学等においても広く活用されている。

『高知県史』一〇巻の中で『高知県史古代中世史料編』（一九七七年）の刊行は、それまで直接見ることが困難であった県内外の古文書や編纂史料等、土佐の中世史関係史科が活字化され地域史研究に多大な恩恵を与えている。

また土佐近世の地誌『南路志』、高知県立図書館（一九九一年）が刊行され、さらに『土佐國群書類従』高知県立図書館（二〇〇一年）の刊行により、近世の村や寺社に関する史料が活字化されて地域史研究等に活用されている。

伊予の史料としては『愛媛県史古代二、中世』、（一九八四年）同『資料編古代中世』、（一九八三年）、が刊行されている。また土佐一条氏に関わる戦国期の史料としては、大友氏関係史料として大分県先哲叢書『大友宗麟資料集』大分県教育委員会（一九九四年）が挙げられる。また、キリシタン史料として『イエズス会日本年報上』村上直次郎訳、雄松書店（一九六九年）、『イエズス会士日本通信下』（一九六九年）、『フロイス日本史』一二巻、松田毅一・川崎桃太訳、中央公論社、（一九七九年）等が活用できる。

2　金剛福寺文書と近世編纂史料について

『金剛福寺文書』は金剛福寺に伝来する応保元年（一一六一）から文明十一年（一四七九）までの古文書五二通である。寺領や寺の由緒を示す一条家の政所下文や御教書等、院主職譲状等は代々、院主に引き継がれて大事に保管されてきた。火災等で覆滅した文書もあり、その内容は近世の編纂史料によって知ることができる。（表1参照）

享保年間（一七二五）に奥宮正明によって編纂された『土佐国蠧簡集』九巻は、土佐国内の諸社寺や諸家に収蔵されている古文書、記録、棟札、金石文、系図など九三二点を収集し、仁平元年（一一五一）より慶長年間まで年代順に配列したものである。原史料の失われたもので、本書によって伝えられているものが多くこの点からも高く評価される。『土佐国蠹簡集拾遺』七巻は谷垣守が享保年間、奥宮正明の収集に漏れたものやそれ以後に発見された史料を編纂している。『蠹簡集脱漏』は武藤平道によって『土佐国蠹簡集』の欠を補うために編纂したとされる。『土佐国蠹簡集木屑』八巻は柳瀬貞重によって編纂された。また、『土佐国蠹簡集竹頭』は武藤平道が編纂している。同じく『古文叢』二八巻は『南路志』の欠をおぎなうために武藤平道が文化八年に編纂したとされる。これらは『高知県史古代中世史料編』（一九七七年）に収録され活字化されており中世地域史研究の基礎資料である。

『土佐州郡志』四七巻は近世土佐の地誌で山内家儒臣、緒方宗哲の著で宝永年間〜享保七年（一七二二）までには成立したと推定される。各郡別に土佐の村々を配列して位置、戸数、山川、寺社等を簡潔に記述する。

『南路志』百二十巻は文化年間に武藤致和、平道によって編纂された土佐国全域の地誌で、郡、村ごとに歴史、地理、故実を記述し、寺社縁起等も詳細で貴重な史料集である。『南路志』は、他の編纂史料に収録されている『金剛福寺文書』がすべて掲載されており、活字化により地域史の研究に多大な便宜がある。

3　寺社資料、考古資料、石造物等の知見の活用について

地域史研究、とりわけ史料が限られる中世史研究においては、文献史料のみではなく、考古学に関する新たな知見や、石塔などの石造物に関する知見、位牌、棟札、仏像の胎内文書などの寺社資料の活用、民俗学などさまざまな観点から史料を読み解き、歴史を再構成していくことが求められる。とりわけ、棟札や仏像の胎内銘文等は、文献史料の不足を補う貴重な資料である。

□幡多地域の仏像についての調査研究には池田真澄氏の『土佐の仏像』（一九七九年）、

青木淳氏（高知女子大）を中心に実施された『高知県社寺文化財総合調査報告書』（二〇〇四年）、前田和男氏の『中村市の仏像』（二〇〇〇年）、『私のメモ帳第七』（二〇一〇年）等の調査研究が挙げられる。

本研究においては、『県史』の刊行以後調査され活字化された寺社資料として、「金剛福寺蔵土佐一条氏位牌群」（一九八四）、「高岡神社棟札」（二〇〇一年）、「飯積寺十一面観音立像胎内銘文」、（二〇〇四年）、「金剛福寺千手観音立像胎内銘文・胎内資料」（二〇〇七年）等を活用している。

□考古学の発掘資料については中村宿毛道路の埋蔵文化財発掘調査（二〇〇五年〜二〇〇六年）により、四万十川と支流・中筋川の合流地点に位置し金剛福寺末寺で幡多荘本郷の拠点、香山寺の里坊にあたる寺院遺跡、「坂本遺跡」についての発掘調査報告、『「坂本遺跡」発掘調査報告書13集』、高知県埋蔵文化財センター（二〇〇六年）があり、本研究では出土した遺物「舟形木製品」に注目し、文献史料に見える「幡多荘船所」について論考する。

□石造物については、市村高男氏を代表とする近年の調査研究の進展により新たな知見が生まれている。調査結果より明らかとなった石造物の年代と流通についての知見、松田朝由氏の「土佐における石造物の特徴と展開―土佐清水市の調査を中心に」(『中世土佐の世界と一条氏』市村高男編、二〇一〇年）を本研究に活用したい。

(表1)金剛福寺文書一覧(原史料は昭和39年土佐清水市文化財に指定、○印参照、『南路志』幡多郡三より作成)

番号	年号		差出所	宛所	内容	原史料
1	応保元(1161)12	写	幡多郡収納所		結縁のため収納使西禅、千手観音供田3町を宛行う	
2	嘉応元(1169)8	写	金剛福寺住僧弘睿	注進(知行国主カ)	三昧供並修造料180石供僧6口の裁許を請う	
3	嘉応元(1169)8	写	金剛福寺住僧弘睿	墨俵(知行国主カ)	給田六町に対する万雑公事停止、検注使不入要請	
4	嘉禎3(1237)10.18	写	法橋上人位某		香山寺領田寄進3町	
5	正嘉元(1257)4	写	前摂政家政所	土佐国幡多庄官百姓等	家領幡多庄の遠金剛福寺勧進	
6	正嘉元(1257)4.16	写	前摂政家諸司長奉書		奉加官米100石金剛福寺造営料	
7	正嘉2(1258)7.24	写	預所前備中守中原	下 幡多本郷	寺領内殺生禁断、供田等公事免除	
8	正嘉2(1258)10	写	前摂政家政所	土佐国幡多庄官百姓等	家領供田の四至殺生禁断 金剛福寺供田6町	
9	文永12(1275)3	正	公文藤原 沙弥某	下 幡多本郷	智慶心 定補船所職事 付横浜事	○
10	弘安4(1281)4	写	前摂政家政所	山田郷内平田村沙汰人百姓等	九樹名四至内不輸・殺生禁断	
11	弘安4(1281)5	写	前摂政家政所	土佐国幡多本郷沙汰人百姓等	金剛福寺6町香山寺5町7反20代万雑公事免除	
12	弘安11(1288)2	写	前摂政家政所	土佐国幡多庄沙汰人百姓等	快慶 南仏より金剛福寺院主職の譲与安堵	
13	正応2(1289)5	写	前摂政家政所	土佐国幡多庄沙汰人百姓等	金剛福寺供田10町5反免除四至殺生禁断寺院修造	
14	正応2(1289)5	写	前摂政家政所	土佐国幡多庄沙汰人百姓等	香山寺供田5町7反20代免除寺領殺生禁断	
15	正応2(1289)5	正	前摂政家政所	土佐国幡多庄沙汰人百姓等	勧進奉加金剛福寺堂舎神殿以下用途事副下正嘉政所下文	○
16	正応2(1289)5.24	写	令大蔵少輔安倍		正嘉二年10月政所下文案送り状	
17	正応2(1289)6.1	写	右馬権頭則任	前大蔵少輔殿	焼失した正嘉の政所下文の案文2通の発給を指示	
18	正応2(1289)6.1	写	前摂政家		奉加金剛福寺造営料事、官米 壱百石	
19	正応2(1289)6.2	正	親秀		金剛福寺造営政所下文・御教書伝達奉書	○
20	正応3(1240)6.1	正	右馬権頭源則任	院主大輔公房	前摂政家奉加金剛福寺造営料官米壱百石	○
21	正応5(1292)12	正	政所下	幡多庄蹉跎御崎住侶等	異国事、蒿郷領豊穣祈祷、当寺造営、殺生禁断	○
22	永仁6(1298)3	写		大輔房心慶	宛行 本郷内中村観音寺事	
23	正安2(1300)11	写	左大将家政所下	土佐国幡多庄官百姓等	奉加金剛福寺供養用途事	
24	正安2(1300)11	写	左大将家政所下	土佐国幡多庄官百姓等	御奉加官米70石臨時徴下(11カ所)	
25	正安2(1300)11.12	写	前能登守	院主大輔阿闍梨御房	政所下文送り状	
26	正安2(1300)11.15	正	(御奉行所)袖判	敷地村沙汰人等中	奉加官米70石内10石分沙汰遣院主快慶	○
27	嘉元2(1305)3.12	正	(御奉行所)	院主大輔律師御房	幡多庄具同村不断丸名津倉渕一所寄付	○
28	嘉元2(1305)3	写	公文代		具同村 津倉渕注進嘉元元年御実検田畠以下目録事	
29	嘉元3(1306)3.7	写	(御奉行所)	大輔律師御房	幡多庄中村内観音寺預所々務返付	
30	延慶3(1310)2	写	権大納言家政所下	土佐国幡多庄沙汰人百姓等	金剛福寺造営勧進奉加	
31	延慶3(1310)2	写	別当散位藤清兼奉		権大納言家奉加金剛福寺造営料官米100石	
32	延慶3(1310)2.14	正	(御奉行所)袖判	以南村預所二郎左衛門尉殿	勧進奉加官米100石の内10石沙汰遣寺家	○
33	延慶3(1310)2.16	正	前伊賀守	江村預所伊予殿	寺米二箇年、当村分三石任政所切符心慶沙汰渡	○
34	延慶3(1310)2.18	写	左衛門少尉	院主大輔律師御房	御教書、政所下文伝達	
35	延慶3(1310)2.18	正	左衛門少尉某	謹上山田村預所殿	金剛福寺造営料当村分官米10石支払い指示(袖判)	○
36	元応元(1319)5.22	正	(御奉行所)袖判	大輔律師御房	金剛福寺院主職返補	○
37	嘉暦元(1326)5.13	写		蹉跎山院主律師御房	当所(奉行)他界により観音寺年貢催促	
38	元徳2(1330)1.18	正	心慶	(村慶)	金剛福寺院主職譲状	○
39	元弘4(1334)1.24	写		院主権少僧都御房	幡多庄具同村不断丸名津倉渕宮山坂寄進確認	
40	正慶2(1333)5.10	正	心慶	(定慶)	金剛福寺院主職譲状	○
41	建武2(1334)4.7	写	院主権少僧都心慶		蹉跎山四至并供田畠司新免等次第	
42	文和3(1354)5.3	正			戸波郷名主供僧百姓連署状	○
43	貞治3(1364)10.1	正	院主尾慶	(千年丸)	金剛福寺院主職譲状	○
44	応永5(1398)7	正		信濃弼秀	フカキ5反与蹉跎山御勤用(長日観音経)	○
45	応永25(1418)3.27	正	権律師慶□	大輔僧都御房	幡多庄内諸権那等	○
46	永享13(1441)1.15	正	院主仏子法印普慶	普雅	金剛福寺院主職譲状	○
47	文安4(1447)3.29	正	前大蔵卿(兼良袖判)	蹉跎山院主御房	蹉跎山御寄進之在所津倉渕四至事	○
48	文明11(1479)8.16	正	法印普雅	(昌祭法師)	金剛福寺院主職譲状	○
49	無年号9月25日	写		前大舎人頭殿	仰せにより蹉跎山御崎金剛福寺院主心慶参洛事	
50	無年号9月20日	写	刑部権少輔清兼	肥後守殿	金剛福寺造営督励のため心慶の参洛を命ず	
51	無年号9月21日	写	肥後守	院主大輔律師御房	御教書により心慶に11月中に参洛を命ず	
52	無年号4月7日	案	権少僧都心慶	進上御奉行所	観音寺名年貢未進分京上請文	

第四節　本書の目的と構成

土佐幡多荘は鎌倉期に幡多郡全域が九条家領として立荘され一条家に伝領された。幡多荘は土佐知行国主一条家の荘園として直接中央との経済的、文化的な都鄙間交流を行うことにより、土佐の中で独自の地域的発展を遂げ以後、南北朝期、室町期にも一条家の荘園支配が維持された。さらに応仁の乱後は当知行維持のため当主の前関白一条教房が土佐に下向し当地に京都の文化をもたらしたことで知られる。

中世社会において寺院は政治、経済、思想、文化などあらゆる面で地域社会の形成に大きな役割を果たしている。そのため中世史の解明には中世の人々の信仰や仏教文化についての理解が不可欠であり、地域史の研究とりわけ中世地域史においては寺院や仏教文化の研究は重要な意義があると思われる。

本書はテーマを「中世土佐幡多荘の寺院と地域社会」とし、中世土佐幡多荘の地域社会について金剛福寺を中心に寺院と仏教文化の側面から考察したい。『金剛福寺文書』を読み解き、寺社資料や考古学の遺跡調査の成果等を活用することにより中世土佐幡多荘の僧侶や地域社会に生きた人々の痕跡を文献や仏像の胎内銘文、勧進状や棟札等の資料から探り史実を解明することを目的とする。

第一部（一章～三章、補論1、2）「金剛福寺の勧進活動と地域社会」では、『金剛福寺文書』の検討から中世金剛福寺の「回禄と勧進活動」を切り口として金剛福寺を中心に幡多荘における寺院と地域社会について考察したい。

第一章「観音霊場—中世金剛福寺の成立」では、観音霊場としての中世金剛福寺成立の過程と時期について考察した。平安期末、一一世紀から一二世紀後半にかけて、中央では観音霊場巡拝が盛行した。一方、地方では官寺仏教体制が実質的に崩壊し、地方寺院では国衙に対して本尊の霊験を強調し寺の安定を図ろうとする動向が見られた。

応保元年（一一六一）、金剛福寺住僧月光坊等の働きかけにより幡多郡収納所が金剛福寺に宛行った三町の供田の寄進状からは、京下りの在庁官人、収納使西禅の現世利益、後生善処の観音信仰が窺える。さらに嘉応元年（一一六九）蹉跎御崎住僧弘睿は国衙に対し、三昧供料並びに寺の修造の用途、一八〇石や供田の寄進、寺領への検注使不入、万雑公事の免除等を「注進」している。このように金剛福寺は衰退した寺の回復のため本尊千手観音菩薩の霊験を前面に掲げ土佐国衙に仏法興隆の働きかけを続けている。そして幡多荘の立荘後は、正嘉二年（一二五七）の一条家政所下文が発給された鎌倉中期に金剛福寺は、土佐知行国主一条家の祈願寺となり、幡多荘の有力な中世寺院として発展の基礎を確立していった。金剛福寺の補陀落渡海に伴う地名伝承と説話はこの時期に形成されたものと推察される。その結果、鎌倉後期には蹉跎御崎の金剛福寺千手観音菩薩の霊験が勧進活動等によって広く国の内外に喧伝され、「補陀落東門」の観音霊場―中世金剛福寺が成立していったものと推察される。

第二章「中世金剛福寺の勧進活動」では、金剛福寺が鎌倉期に三度の回禄（火災）があり、復興のため展開した勧進活動を中心に論考する。第一期の勧進活動の中心となった南仏上人（慶全）や第二期の勧進活動をおこなった快慶、第三期の活動をおこなった心慶等の勧進活動について一条家政所下文（金剛福寺文書）により考察する。勧進活動の特徴として荘園領主一条家の承認のもと、奉加官米が幡多荘の十一の村々に割り当てられ、勧進活動の体制化が指摘できる。また、本尊木造千手観音菩薩立像の解体修理に伴う胎内資料の調査結果より、本尊が第三期の回禄の修造により南北朝時代の暦応五年（一三四三）に造像されたことが明らかとなった。

補論1では「金剛福寺本尊千手観音菩薩像胎内資料について」として、二〇〇六年度に『県立歴史民俗資料館研究紀要』一五号に掲載された「木造千手観音立像修理報告」及び「像内納入品概要報告」の胎内資料より本尊に結縁した人々の信仰について考察する。胎内銘文には、願主である一条経通や院主心慶、権院主定慶のほか南無阿弥陀仏の名号墨書銘や「非阿」の針書署名が確認されている。非阿は念仏聖と推定され勧進活動の手足となった多数の勧進聖の一人であろうと思われる。金剛福寺の勧進活動には修験者や念仏聖など多様な勧進聖によって勧進活動が展開されている。

第三章「幡多荘船所と観音信仰」では、幡多荘船所と四万十川下流域を中心に存在する金剛福寺の寺領と寺領支配の拠点となっている末寺、香山寺、観音寺および大方郷の飯積寺について考察する。

金剛福寺末寺の僧侶、慶心は、一条家より幡多荘船所職に補任され、幡多荘の年貢を京上する荘官としての役割を果たしていた。また観音寺は一条家より観音寺付近の年貢の収納を請け負っていた。坂本遺跡の発掘調査により、香山寺山麓の坂本には里坊の中ノ坊や中興の祖南仏を祀る南仏堂の存在が確認される。幡多荘船所は坂本にあり、香山寺では年貢京上の船の航海安全を観音菩薩に祈願する「船祭」の祭祀が行われたものと推定される。

また、船所職補任状に記された幡多荘船所の所管する湊「横浜」は、四万十川河口左岸の下田水戸地区の横浜であろうと推定される。飯積寺は、本尊十一面観音菩薩像の正応四年（一二九二）の胎内銘より鎌倉期より存続していたことが明らかとなった。金剛福寺は、鎌倉期に大方郷田ノ口に寺領があり、飯積寺は金剛福寺末寺と推定される。金剛福寺の末寺、香山寺、観音寺、飯積寺はいずれも四万十川河口から沿岸部を見渡せる山頂付近に位置しており、十一面観音菩薩を本尊とする。三寺院は連携して四万十川下流域と沿岸部の船の航行を監視し、海上安全の祈祷や年貢輸送など金剛福寺の社会経済活動の一端を担っていたものと推察される。金剛福寺は祈願寺としての宗教的役割とともに年貢の収納や輸送等、一条家の荘園支配を補完する役割を果たしていた。

補論2では大方郷飯積寺の十一面観音菩薩立像の胎内銘文について考察し、また『南路志』の史料より制作者の大仏師、法橋圓海が飯積寺十一面観音菩薩像以外にも幡多荘に作品を残していることについて言及した。

第二部（一章～五章、補論1）「寺社資料に見る国人の動向と信仰」では中世後期の幡多荘の地域社会の変遷について、国人の動向と信仰を切り口に考察したい。応仁二年（一四六八）、荘園領主一条教房の土佐下向と在荘により幡多荘は新たな展開を見せる。『東福寺文書』や『大乗院寺社雑寺記』に見られる幡多荘についての記事や地域の寺社資料等により大方郷の国人入野氏や土佐一条家の成立に役割を果たした加久見氏などの幡多荘の国人の動向と信仰に注目し、キリシタン史料や『長宗我部地検帳』等も活用して南北朝期から戦国期末に至る幡多荘の寺院や地域社会の変遷について考察する。

第一章「中世大方郷と国人入野氏」では、大方郷が東福寺の回禄（火災）により一条家より東福寺に寄進された経過および大方郷の開発に関わった人々と仏教文化について考察する。大方郷には東福寺の直務支配が行われ預所の僧侶宥意が下向し、飯積寺の僧侶と推定される下司道悦と公文家忠が署判し、大方郷の年貢十貫文が佐賀の商人六郎衛門により東福寺に送進されている。応永期には藤原家重が大旦那として飯積寺に鰐口を寄進している。文明期の藤原家元の時代には入野氏を称し加茂八幡宮を松原に移転して拠点近くに菩提寺長泉寺を建立している。

　応仁の乱後、前関白一条教房が土佐に下向し幡多荘の直務支配を行うと入野氏は官途を斡旋されるが支配に従わず、籠名により一条家の支配に屈している。入野氏は一条家の地域権力確立の過程で誅罰され没落する。大方郷の開発に尽力した入野氏の盛衰の過程を描き、入野氏菩提寺の長泉寺千手観音菩薩立像や加茂八幡宮蔵獅子頭銘文等の仏教文化や『長宗我部地検帳』から中世大方郷の地域社会の変遷について考察する。

　第二章「土佐一条家の成立と土佐国人加久見氏」では、応仁の乱後、土佐に下向し幡多荘の直務支配を行った一条教房の没後、後継として大乗院に入室が予定されていた房家が擁立され土佐一条家が成立した。土佐一条家成立の経過とそのカギとなった国人加久見氏および金剛福寺の関係について『大乗院寺社雑事記』や「蓮光寺勧進状」と「蓮光寺鋳鐘勧進状」および「金剛福寺位牌群」等の検討により考察する。また土佐一条家は房家以後、四代一〇〇余年にわたり在国公家として幡多荘を中心に土佐西部に地域権力を確立している。本章では蓮光寺鋳鐘勧進状の願文と奥書署判等の検討により房家の母中納言局を紐帯とする土佐一条家成立と在国支配に果たした加久見氏の役割について考察する。

第三章「四万十川（渡川）合戦と一条兼定」では、戦国期末、豊後に追放された土佐一条家最後の当主兼定が所領幡多郡の奪還をめざして長宗我部元親に戦いを挑んだ四万十川（渡川）合戦について、軍記物語等、近世の編纂史料によらず、キリシタン史料や大友家文書等の一次史料により解明し、合戦の時期を天正三年九月中旬以後と推定している。また、兼定を大友氏が積極的に支援し水軍真那井衆が参加していることや、兼定の活動の範囲が周防長島の上関に及んでいることなどを指摘した。また、国衆の動向に影響を与え四万十川合戦の勝敗を決したとされる幡多の寺院勢力が、長宗我部氏側で行動したことをキリシタン史料や高岡神社棟札等の寺社資料から明らかにする。

第四章「中世爪白の仏教文化と東小路氏」では、土佐清水市爪白の覚夢寺跡の約一〇〇メートルの道路の両側の小丘上に対面して建てられた釈迦堂と阿弥陀堂、清涼寺式釈迦像と阿弥陀像―浄土信仰の二河白道を象徴的に表現した景観―爪白の仏教文化について考察する。また『長宗我部地検帳』の考察から『長元記』にみえる爪白の旧領主、爪白殿が土佐一条家の庶流、東小路氏の一族であり、覚夢寺がその菩提寺であった可能性を指摘した。さらに戦国期末の幡多の地域社会の変遷について考察する。

補論1「中世爪白の石造物の年代について」では二〇〇七年に実施された爪白石造物の調査結果に基づき爪白、覚夢寺の石造物は神戸六甲の花崗岩製であり畿内より搬入されたと推定される。これらの石造物の年代の考察から爪白の仏教文化は南北朝期に遡り、また都鄙間の石造物の流通のみでなく人の往来や信仰と仏教文化の交流があったものと推察される。爪白の仏教文化と金剛福寺の勧進活動に参加した念仏聖との関係から以南地域における浄土信仰に言及する。

第五章「中世幡多荘の世界と下田港」は近世には中村の外港として発展した四万十川河口の港町下田の基層が中世から形成されてきたことを諸史料より考察する。

終章「土佐幡多荘の地域社会形成と仏教文化」ではこれまでの議論を総括し、結論および成果と今後の課題を述べる。

註

（1）『山槐記』治承三年正月六日条、『増補史料大成』第二七集（山槐記二）、一八八頁、臨川書店、一九六五年

（2）前掲書（1）建久五年正月三十日条、第二八集（山槐記三）、三五五頁

（3）『三長記』建永元年四月三日条、五月四日条、『増補史料大成』第三一集（三長記）、一八四頁、二〇〇頁、臨川書店、一九六五年

（4）山本大『高知県史古代・中世編』一五〇頁、高知県、一九七一年　九条家の土佐知行国支配について、知行国主（兼実）―国務奉行人（長兼）―国守（家行）―目代（仲重）―在庁官

人という支配のシステムが形成されており、山本大氏は、「このような支配形態はあたかも荘園内における本所・領家・預所・荘司のような関係が、知行国内にも生じたことを示すものであり、知行国の荘園化を示すものであろう。」と指摘している。

(5) 市村高男氏は、幡多荘立荘の時期について「九条家諸大夫の源有長が土佐守の任にあった承久～安貞頃（一二二〇年代）のこと」と推定されている。『高知県の歴史』、九二頁、山川出版社、二〇〇一年

(6)『九条家文書一』七四頁、図書寮叢刊・宮内庁書稜部、一九七一年

(7) 香宗我部氏は甲斐源氏一条忠頼の家人、中原秋家を祖とし、頼朝に召しだされ（『吾妻鏡』）、建久四年（一一九三）六月、宗我部、深渕両郷の地頭職に補任され、鎌倉初期に土佐に入部し、香美郡宗我部郷へ入部したことから、香宗我部氏を名乗った。

(8) 土佐国古文叢四六、『高知県史古代・中世史料編』、九八七頁、高知県、一九七七年

(9)『公卿補任』第二篇、二六八頁、には「弘安五年・従三位源成経〈六十一〉四月八日叙（元前

土佐守）故右大臣顕房公六代孫。故少納言重房朝臣男。（中略）文永元十・十五任土佐（左大臣分国）同三・二・一得替。」とある。『新訂増補国史大系』、吉川弘文館、一九三七年

（10）宮本晋平「鎌倉期公家知行国の国務運営」『史林』八七―五、二〇〇四年

（11）池内敏彰「一条摂関家と土佐国幡多庄―鎌倉時代を中心にして―」『土佐史談』二〇二号、一九九六年、「同（二）」『土佐史談』二〇五号、一九九七年

第一部　金剛福寺の勧進活動と地域社会

第一章　観音霊場―中世金剛福寺の成立

はじめに

応保元年（一一六一）、後白河上皇は院御所法住寺殿に移り、熊野権現を勧請し、新熊野を御所の鎮守とするとともに蓮華王院を建立し、長寛二年（一一六四）、上皇の命により平清盛が千体の千手観音像を安置している。十一世紀後半から十二世紀にかけて上皇や貴族の観音信仰が盛んになり、熊野詣や造寺・造仏がおこなわれた。中央では霊場巡拝が盛行し、諸国の霊場がクローズアップされた。西国三十三観音の霊場もこのころ成立したものと推定される(1)。

蹉跎山金剛福寺は『蹉跎山縁起(2)』によれば、嵯峨天皇の勅願により弘法大師空海が建立したとされる。金剛福寺は四国最南端の足摺岬に位置し、熊野那智山同様、千手観音菩薩の霊場として知られる。金剛福寺の観音霊場成立の経緯とその時期について土佐国衙と金剛福寺の関係を中心に考察してみたい。

第一節　土佐国衙と金剛福寺

諸国の霊場の成立と関連して、地方では国分寺・国講師を中心とした官寺仏教体制は実質的に崩壊し、中央大寺や権門との結びつきが比較的弱い地方諸寺においても、寺の霊験を前面にあげ、国衙に奉仕することを誓って安定をはかろうとする動向が知られる。讃岐国善通寺や曼荼羅寺、大隅国台明寺、備前国金山寺等とともに土佐においては金剛福寺を例に挙げることができる(3)。

平安時代末の応保元年（一一六一）、『金剛福寺文書』に土佐国衙と金剛福寺の関係を示す次の史料が見られる。

【史料1】土佐国幡多郡収納所宛行状案写（4）

幡多郡収納所

宛行蹉跎御崎千手観音経供田事

合参町

恒枝領地一丁　石國領地五反

恒時領地一丁　御崎村一丁

右、収納使西禅若冠之當初、随吏便入部當郡、経廻数年而去任之後、不慮外出家、有事縁亦再下向、倩案愚意、結縁於此地、忝奉遇観音慈悲之垂跡、今度不結縁者又期何時哉、爰住僧月光坊教智房同心六口之寺僧、毎日観音経十巻、内一巻者為天長地久御願圓満也、二巻者我主君藤原朝臣為御一家各息災延命無病長寿、一巻（者）為過去遊霊父母舎兄等往生極楽、一巻者為當郡人民郡司百姓等諸従眷属安穏五穀成

就、五巻者自身結縁男女子孫繁昌久寿福、各為至于千秋萬年之栄耀所宛行如件、随
又彼下地非本利田内不及地主之訥惜進而所謹進也、仍為後代宛行如斯
応保元年十二月　日
郡司散位惟宗朝臣　花押
書生散位秦　良弘　花押
収納使　花押
任先判之旨、件寺田参町勘合、於壱町長寛元年検注、馬上見作田坪恒枝名勘免、仍
為後々代々収納使書生加判、但起請之志以同前也
郡司散位惟宗朝臣
書生散位八木宿祢　花押
収納使惟宗　花押

史料1によると、土佐国幡多郡収納所は蹉跎御崎千手観音経供田として三町を宛行っている。

供田寄進の由来には、「収納使西禅は、若年の頃幡多郡に入部し、数年間の滞在の後この地を去り、思いがけず出家した。縁あって再び収納使として幡多郡に下向したが、このたび観音垂迹の地で結縁しなければいつ結縁できようかと案じて、金剛福寺の住僧、月光坊、教智坊と同心の六口の寺僧に毎日観音経十巻の読誦を依頼し、供料として三町の供田を宛行なった。観音経十巻の読誦は、一巻は天長地久御願円満のため、二巻は我主君藤原朝臣一家の各息災延命無病長寿のため、一巻は過去遊霊父母舎兄等極楽往生のため、一巻は当郡人民郡司百姓等諸従眷属安穏五穀成就のため、五巻は自身結縁の男女子孫繁昌久寿福と各千秋万年の栄耀にいたるためである」とある。願文からは、京下りの在庁官人、収納使西禅の現世利益と後生善処の祈願が見て取れる。ちなみに『山槐記』によると、西禅の主君藤原朝臣は当時の土佐知行国主藤原忠通であろうと推定される(5)。奥書には郡司惟宗朝臣、書生秦良弘、収納使の署判が見える。

幡多郡収納所が金剛福寺に宛ておこなった供田三町のあつかいは、二年後の長寛元年(一一六三)には書生、収納使が交代すると、「先判の旨に任せて起請の志はかわらない」としながらも、寺田の勘合に際して国衙の検注が実施されており、勘免の対象としてはわずかに恒枝名一町のみが馬上見作田とされている。供田は寄進されたとはいえ、毎年、国司の免判を得ることが必要であり、国衙との関係において寺領経営は不安定な要素が大きかったと推察される。

さらに八年後の嘉応元年(一一六九)、国衙に対する金剛福寺の働きかけを示す次の史料が見られる。

【史料2】土佐国幡多郡金剛福寺僧弘睿解案写(6)

注進

蹉跎御崎金剛福寺三昧供并修造料事

合百捌拾斛〈募供僧六口〉

在〈法行寺三口、間崎寺三口〉

右件三昧供、嵯峨天皇御施入　當山并金剛頂寺之間、各三百三十三石也、然於金剛頂寺者、任員下于今不絶、於金剛福寺者、存立用無実、依之古法性寺入道殿下當國成敗之刻、引旧例改之三斗代免田寄三十町募百八十石加免判、留寄文、於是大名等乍令領不成地子於寺家、又不上所済於國前、此則在庁掠公物、大名嘲佛法、僧徒之勤有何、佛法之験掲焉哉、募修造本堂已破壊、或号供料佛前一粒絶施入顕然也、誰謂悲哉、設雖国前停廃、往古御祈願料也、尤為訴是此廰官古人私心之、蓋言上子細者、垂恩恤如元任員、當寺修造六三昧供料可沙汰下、蒙御裁許者、弥致勤厚之誠、兼祈國吏泰平之由、惶惶事状以解

嘉応元年八月　日　金剛福寺住僧弘睿　上

【史料3】土佐国幡多郡金剛福寺僧弘睿解断簡写（7）

土州幡多郡蹉跎御崎住僧弘睿重陳

立用荒田本数

伊南弐町　二町毎月観音講科浦國 名伊布里 限北箕作谷

在　一町四季七ヶ日千手供料 恒時名　注日 限西切間河内峰

肆町　一町不動阿弥陀供 安末名　東限金柄 崎元久名　南限幡峰

二町正二月各七ヶ日夜御行并二季彼岸

安居料　恒枝名　石國　油間

陳云、載先日解状本給田六町之内、僅見作三町也、然件給田万雑公事不可勤之、検注使不可向之由、遠　嵯峨天皇御時、近法性寺入道殿下御時ヨリ免来処、在先判旨

明白也、公文書生等、乍見此旨責勘料官物、宛万雑公事等、非道難堪之上、重付住

僧立両給田致譴責

史料2は、注進とあるので、金剛福寺より国衙に対して上申した文書と推察される。金剛福寺住僧弘睿は、金剛福寺の三昧供並びに修造科として一八〇石を給するよう注進している。

その中で、金剛福寺が嵯峨天皇の勅願によって創建された寺の由緒を語り、室戸御崎の金剛頂寺と比較しても金剛福寺には十分な手当がなされていないことを述べ、遠くは嵯峨天皇、近くは法性寺入道殿下（藤原忠通カ）が国主の時には旧例をひき三斗代の免田三十町が免じられてきたにもかかわらず、名主たちが免田の地子を寺に納めず、在庁が公物を掠め大名が仏法や僧侶をないがしろにしていると非難し、そのため本堂は壊れ仏前の供えも事欠く寺の窮状を訴えている。そして国衙に対して恩恤を垂れ、元のように一八〇石の

三昧供料ならびに寺修造料を裁許するように求めるとともに、それが実現すれば、いよいよ懇ろに手厚く「國吏泰平之由」祈願を致すと上奏している。

また金剛福寺三昧供の法会に募る六口の供僧は、「在、法行寺、間前寺」とされているが、「法行寺」は、宿毛市平田の延光寺の元寺院名と推察され(8)、「間前寺」は四万十川下流右岸の間前寺であろうと推定される。

史料3では、弘睿は重ねて陳ずとして、毎月観音講、四季七ヶ日千手供、不動阿弥陀供、正月、二月、各七ヶ日夜御行、二季彼岸安居等の法会を実施しており、その用途としての給田六町のうち、実際に耕作されている見作は三町にすぎないと寺家の窮状を訴えている。そして国衙に対して仏法興隆と寺院の修造のため、給田の官物、万雑公事の免除や検注使の勘料の免除を求めている。

以上、金剛福寺の応保元年（一一六一）の収納使西禅による幡多郡収納所の三町の供田の宛行や嘉応元年（一一六九）の金剛福寺住僧弘睿の国衙への「注進」等は、地方諸寺が寺の霊験を前面にあげ国衙に奉仕することを誓って安定をはかろうとする動向の土佐における事例として捉える事ができるのではないだろうか。

金剛福寺は、その後も寺の由緒と本尊千手観音菩薩の霊験を強調しながら、土佐国衙に対して事あるごとに仏法興隆の働きかけを続けていった。

第二節　幡多荘の立荘と金剛福寺

土佐はその後、九条家の知行国となり幡多郡は九条家領幡多荘として立荘され、鎌倉中期の建長二年（一二五〇）に九条道家より四男の一条実経に伝領された。幡多荘の立荘という新たな展開の中で、土佐知行国主一条家と金剛福寺との関係はどのようになっていったのか、一条家領幡多荘の成立後の金剛福寺について、正嘉二年（一二五八）の次の史料から考察してみたい。

【史料4】一条家下文案写(9)

下　幡多本郷

　仰二箇条事

一蹉跎山寺領内可禁断殺生事

右當寺者千手観音霊験之地弘法大師草創砌也、貴賎誰不帰不敬乎、然間代代給主皆以致殺生之禁、制止雑使之入部云々者、任先例於當山寺領内〈東限窪津川西限見宛河〉致殺生事、自今以後云政所使云地下沙汰人一切停止入部

一供田等可免公事

蹉跎山免田参町　八幡宮免田参反

香山寺供田参町　同燈油畠壱町　字芋生云々

右件供田等、勤行厳重祈祷之間、先例不勤公事之処、近年被支配公事云々、為不便之事、於件供田等者、早可停止万雑公事焉

以前両条所仰如件、庄家宜承知敢勿違失、故下

正嘉二年七月廿四日

預所前備中守中原朝臣　花押

史料4は一条家領土佐国幡多荘成立後、荘園領主一条実経の仰（指示）により正嘉二年（一二五七）七月二四日付で幡多本郷に出された預所前備中守中原朝臣の幡多本郷への下文である。

第一条では、蹉跎山寺領内可禁断殺生事として、観音菩薩の聖域である金剛福寺の境内の「東限窪津川西限見宛河」の殺生禁断と「政所使や地下沙汰人の一切の入部停止」が命ぜられている。また、第二条では蹉跎山免田参町、八幡宮免田参反、香山寺供田参町　同

燈油畠壱町、計七町三反分の供田を先例のように公事を免じ万雑公事を停止するよう荘官らに周知を命ずるとともに、金剛福寺の僧侶らが祈祷を厳重に勤行するよう命じている。なお、この文書には、金剛福寺の末寺で本郷における拠点である香山寺の供田、灯油畠、八幡宮免田が含まれる点は注目される。

第三節　観音霊場の成立

1　知行国主一条家祈願寺としての金剛福寺

次に一条家領幡多荘において金剛福寺がどのような寺院として位置づけられていったのかを同じく正嘉二年（一二五七）十月付で発給された一条家政所下文によって検討していきたい。

【史料5】前摂政（一条家実経）家政所下文正文写（10）

前摂政家政所下　　土佐國幡多庄官百姓等

仰下二箇条

一可令任旧例奉免金剛福寺供田陸町事

本郷参町　浦國名壱町（字伊布中北限箕作谷）　恒時名壱町（限西切間河内崎）

在

山田郷参町　九樹名内本田（東限金桐崎西限小布木）（南限幡峰北限小河）

右件寺者、千手観音霊験之地、弘仁　聖主尊崇之砌也、弘法大師於此処顕證果、賀東上人従此処遷聖境、可帰可敬歟、因茲、弘仁有　勅奉免三昧供田、被宛修理料米、而國宰怠慢、寺用已畝、其後法性寺殿下當國御沙汰之時、雖被寄進卅町免田、応保年中減定六町、近来件免田猶以違濫、僧侶歎寺田之無跡、道俗憐堂閣之欲頽、然間、去建長八年、回禄成災棟宇化煙、是則鑑衆生之無信心、哀佛法之有

興滅歟、仍勧進郷内営土木之由、成賜政所下文先畢、於免田者、幸當一庄之堺内、
適有六町之古跡矣、為継上代之御願、争無中興之裁許哉、仍今所被奉免也、宛巧
匠成風之功、且支禅侶喰霞之資、然則住侶各専精誠、可奉祈請天下安穏國中泰平、
殊別御家門之繁昌矣者、

一可令禁断當寺四至内殺生事
右故老相傳曰、千手観世音菩薩、毎日臨光於此寺云々、観音影向之波底、争置漁
翁之密網、賢聖降臨之月前、豈浮釣者之篇舟哉、恵薄潜鱗、害及昆蟲、甚可痛哉、
永令禁制矣者、以前条事所仰如件、庄官百姓宜承知、勿違失、故下、

正嘉二年十月　日　　案主　図書允紀

令散位藤原朝臣　花押　　知家事中原

別當春宮亮藤原朝臣　花押　　大従春宮権少属兼右衛門少志安部　花押

修理東大寺大佛長官左大史兼能登介小槻宿禰　花押

博士兼主水越中権守清原真人　花押
勘解由次官兼中宮大進藤原朝臣　花押
散位源朝臣　花押

史料5は、土佐国幡多庄官百姓等宛に発給された一条家政所下文である。先に発給された本郷下文と同趣旨の内容であるが、嵯峨天皇の勅願により弘法大師により建立されたという金剛福寺の由緒がさらに詳しくのべられることにより、千手観音の霊場として権威づけられている。

そして、金剛福寺が「天下安穏国中泰平、御家門繁昌」を祈願する土佐知行国主一条家の祈願寺として位置づけられていることが確認される。その結果、金剛福寺に対しても旧例に任せて六町の供田が奉免されている。浦國名壱町と恒時名壱町は、金剛福寺の所在する以南村であろうと思われるので、それ以外に新たに本郷参町と山田郷参町の供田が寄進されたものと推察される。政所下文の奥に署判の散位源朝臣は、一条家政所別当、源則長であろうと思われる。

このように金剛福寺は、一条家領幡多荘の成立後、一条家の祈願寺として位置付けられることにより、寺領内への政所使の入部停止や万雑公事停止、すなわち不輸・不入の権利を獲得し、中世寺院として発展する基礎を確立していったものと考えられる。

2　足摺の地名伝承と補陀落渡海説話

ところで奈良興福寺の解脱上人貞慶は、『値遇観音講式』において、「観音の補陀落浄土が諸仏の浄土に比して裟婆世界に隣接して南海の南印度に存在し現実に到達可能な浄土である」との理解を示し、建仁元年（一二〇一）、『観音講式』の奥書に、「長保三年（一〇〇一）、八月一八日、阿波国賀登上人が土佐国室戸津より弟子を相具して補陀洛渡海をした」ことを記載している（11）。

補陀落渡海の聖地とされた熊野那智山、室戸岬、足摺岬はいずれも南の海に突き出した半島の先端にあり地理的な共通点が見られる。中でも足摺岬は土佐でも室戸岬よりさらに南、本邦の南の境界とされた土佐幡多の最南端に位置し（12）南海にあるとされる観音の補陀落浄土に最も近接しているといえよう。貞慶の『観音講式』から約五十年余り後、賀東（賀登）上人の補陀洛渡海は足摺金剛福寺のこととして「賀東上人従此処遷聖境、可帰可敬歟」と正嘉二年（一二五七）の一条家政所下文に載せられている。

その後、時が経つにつれて足摺の地名と補陀落渡海の説話が結び付けられた結果、正安四年（一三〇二）、後深草院二条（中院大納言源雅忠女）は、日記文学『とはずがたり』に足摺岬の観音堂（金剛福寺）の由来と補陀洛渡海の説話を足摺の地名伝承として書きとどめている（13）。

『とはずがたり』には、正安四年（一三〇二）九月、二条は、厳島参詣を終えた船中で「土佐の足摺岬」についての説話の冒頭に「かの岬には、堂ひとつあり。本尊は観音におはします。へだてもなく、また坊主もなし。ただ修行者、ゆきかかる人のみ集まりて、上もなく下もなし。」と記述している。ところが、この時期の金剛福寺は、正応二年（一二八九）回禄の修造のため、院主快慶の勧進活動による堂舎の建立がすでに正安二年（一三〇〇）に完了しており、この記述にあるように、実際に二条が足摺岬で眼にした金剛福寺の場景を描写したとは考えられない（14）。

しかし注目されるのは、賀東上人の補陀洛渡海説話が金剛福寺のこととしてこの時代の人々の観音信仰に取り込まれていた点である。すなわち後深草院二条がこの日記文学を執筆した鎌倉後期の時点で、観音信仰とともに足摺岬の観音堂（金剛福寺）の由来が補陀洛渡海の説話とともに広まり、金剛福寺が中央の貴顕の間で広く喧伝され、多くの修行者が参詣する熊野や室戸と同様、足摺が南海の境界にあって観音菩薩の補陀洛浄土に近接し、広く女性たちに開かれた「補陀洛東門」の観音霊場として信仰を集めるに至っていたことを物語っている。

その結果、観音信仰を持つ多様な修行者たちが金剛福寺に遊行したものと推察される。

このように鎌倉後期に至り、金剛福寺は土佐知行国主で幡多荘の荘園領主である一条家の祈願寺として位置づけられ、中央においても南海の補陀洛渡海の聖地として広く知られることにより、観音霊場として大きくクローズアップされていったと推定されるのである。

おわりに

中央において観音信仰が盛んになり後白河上皇が蓮華王院を建立した応保元年（一一六一）、金剛福寺住僧月光坊等の働きかけにより幡多郡収納所が金剛福寺に宛行った三町の供田の宛行状からは、京下りの在庁官人、収納使西禅の現世利益、後生善処の観音信仰がうかがえる。

さらに嘉応元年（一一六九）蹉跎御崎住僧弘睿は国衙に対し、三昧供料並びに寺の修造の用途、一八〇石や供田の寄進、寺領への検注使不入、万雑公事の免除等を「注進」している。

平安期末、官寺仏教体制が実質的に崩壊する中で、金剛福寺は衰退した寺の回復のため本尊千手観音菩薩の霊験を前面にあげ土佐国衙に仏法興隆の働きかけを継続した動向がうかがえる。

そして幡多荘の立荘後は、正嘉二年（一二五七）発給の一条家政所下文により鎌倉中期に金剛福寺は、土佐知行国主一条家の祈願寺となり、幡多荘の有力な中世寺院として発展の基礎を確立していった。足摺の地名伝承と補陀落渡海説話はこの時期に形成されたものと推定される。

その結果、鎌倉後期には蹉跎御崎の金剛福寺千手観音菩薩の霊験が勧進活動等によって広く国の内外に喧伝され、「補陀落東門」の観音霊場―中世金剛福寺が成立していったのである。

註

（1）『寺門高僧記』巻六覚忠伝の『三十三所巡礼記』には「応保元年正月三十三所巡礼則記之」として、一番紀伊国那智山～三三番山城国御室戸山まで三三所巡礼を七五日で行ったとの記録が見られる。速水侑「院政期における観音霊場信仰の展開」『観音信仰』、二八一頁、塙書房、一九七〇年

（2）土佐国古文叢五八四、『高知県史古代・中世史料編』、一一三六～一一四二頁、高知県、一九七七年

この縁起は、仁和寺、真光院の住持で大永年間に土佐に下向し金剛福寺院主となった尊海の手になる。奥書に「享禄壬辰仏涅槃前七日依大檀越仰謹誌之　孤山羊僧尊海」とあり、一条房家の要請によって享禄五年（一五三二）に書かれている。

（3）西口順子「いわゆる国衙の寺」『平安時代の寺院と民衆』、八八頁、法蔵館、二〇〇四年
（4）前掲書（2）土佐国蠧簡集二、二一九頁～二二〇頁
（5）『山槐記』永暦元年十一月十三日条に「一、備前国司申宇佐使供給諸庄園土佐対捍先宣旨被催促事、仰、依前関白命宣下者、件国大殿御沙汰也、」とあり、土佐知行国主の大殿は藤原忠通と推定される。
（6）前掲書（2）土佐国蠧簡集三、二二〇頁
（7）前掲書（2）土佐国蠧簡集四、二二一頁
（8）伝承によると神亀元年（七二四）ころ行基により施薬院宝光寺（法行寺）が開山された。これがのちの寺山延光寺である。橋田庫欣「行基と空海」『とき連綿と―宿毛小史・宿毛の人々』、宿毛市教育委員会、二〇〇一年
（9）前掲書（2）土佐国蠧簡集一四、二二五～二二六頁
（10）前掲書（2）土佐国蠧簡集一五、二二六～二二七頁

（11）冨村孝文「解脱上人と観音信仰」民衆宗教史叢書七巻『観音信仰』、一一七頁、速水侑編、雄山閣出版、一九八二年

「57観音講式」、奈良国立博物館、御遠忌800年特別展、『解脱上人貞慶―鎌倉仏教の本流』図版、八六頁、奈良国立博物館、二〇一二年

（12）市村高男「中世日本の中の蹉跎山金剛福寺―土佐一条氏との関連を中心に」、西南四国歴史論叢『よど』第八号、西南歴史文化研究会、二〇〇七年

（13）根井浄「四国の補陀洛渡海」『観音浄土に船出した人々』、一二〇〜一三二頁、吉川弘文館、二〇〇八年

（14）神谷道倫「一条の足摺岬行について」『駒沢国文』、一九六四年、松本寧至『とはずかたりの研究』、桜楓社、一九七一年

第二章　中世金剛福寺の勧進活動

はじめに

中世において、寺院の堂舎の造営や仏像の建立のために、貴賎の人々に作善を勧め、造営の資金を調達する勧進活動が行われた。重源上人による東大寺の再建や、高野山、東寺などの復興事業においては、大勧進職が補任され、堂舎の復興を請負い、朝廷や幕府による国家的な支援のもとに、勧進上人による勧進活動が展開されている。

これら著名な大寺院のみならず、中小寺院においても寺院復興のために勧進活動が行われ、勧進活動は中世寺院にとって不可欠な活動であった(1)。土佐国幡多荘における金剛福寺の勧進活動について『金剛福寺文書(2)』を史料として考察する。

金剛福寺は建長八年（一二五六）、正応二年（一二八九）、延慶三年（一三一〇）と鎌倉

期に三度の回禄（火災）により堂塔を焼失し、そのたびに勧進活動によって再建されてきた。
鎌倉期の金剛福寺修造の時期は次の三期に分けられる。
1期　建長八年（一二五六）八月二四日回禄、文永四年（一二六五）一条実経による修造、（十一年間）
2期　正応二年（一二八九）二月四日回禄、正安二年（一三〇〇）一条家経、内実による修造（十二年間）
3期　延慶三年（一三一〇）正月二日回禄、修造が終了した時期は金剛福寺千手観音立像の胎内銘文によれば暦応五年（一三四二）頃、一条経通によると推定される(3)。（三十二年間）

第一節　建長の回禄と勧進活動

1　慶全の勧進活動と一条家の奉加

正嘉元年（一二五七）の政所下文（金剛福寺文書）によると、鎌倉前期の金剛福寺は寺領を失い衰退し、堂舎は荒廃していたことがわかる。その上、建長八年の回禄（火災）のために堂舎を焼失している。金剛福寺の復興の為、慶全を勧進上人とする勧進活動が展開された。

次の史料は、正嘉元年（一二五七）の前摂政家（実経）政所下文である。（長文だが恣意による省略を避けるため全文を記載する）

【史料1】前摂政一条実経家政所下文案写(4)

前摂政家政所下　土佐国幡多庄官百姓等

可早奉加阿闍梨慶全勧進造金剛福寺堂社神殿等用途事

副下

御奉加御教書

右彼慶全解状偁、（ア）謹案弘仁十四年正月十九日天皇手印　勅書偁、當山者是弘法大師現身證果之霊地、大権現能為作依怙之伽藍、成官符於四國、継法命於三会之霊地也、以千手観音而為其本尊、以三所権現而為大行事、忠仁公為上卿〈于時右近衛大将〉聖皇帝凝　叡念〈已上勅書取意略抄〉所、以佛法僧宝之輝神威也、十方来之、羅禁鐘踵、四百余歳之続惠命也、（イ）五相観之、月影結伽、故老相伝曰、補陀落山化主三面千手観音菩薩、毎日臨光於此寺云々、是以性空上人之拝生身也、於此證六根清浄之位、賀東行者之遂即往也、従此遷補名荼落山之堺、誠是仏法相応人地相叶者哉、（ウ）因茲弘仁聖主、奉免三昧供并修理料官米三百三十三石、増国土福田致吏民之快楽、而時代推移、国吏陵怠、法性寺大殿當国御沙汰之時、率已旧例寄進新免三十町免田是也、（エ）彼御寄進状永留于寺家矣、而田堵動対捍、地利漸減少、至于応保元年令減定六町、是則當郡主宗我部氏滅亡刻、止其沙汰云々、如是之間禅侶失飡霞之便、堂社減如雲之勢、山厨熾煙絶之朝、春日遅兮臨採蕨之飢、薜衣袂薄之節、秋夜長兮無禦寒之計、（オ）爰慶全當宿因之令然有寺務之応、選香花灯明宮欲絶之供、結草擔石興欲廃之勤、箇年中、去建長五年春三月比、重発起三重宝塔、添一寺荘厳之大願、唱知識於国中境外、営土木於傍庄隣郷、心偸念其功之難畢、身鎮労此願之不終、（カ）然間去年八月下旬七日至夜半之時刻、及不慮火災、仏閣神殿悉作灰燼、道具宝器同化煙炎、而於本尊七体者、焔中相好無変、煙底尊容如旧、縡之奇特霊而亦異也、（キ）天災難遁、難知時之爰審佛意不測、誰弁寺之興廃、慶全偏念宿願之不達、今重歎旧基之難復、請案旧記、顧西上人之時、如今回禄之刻、法性寺殿下御時蒙三十町奉免、動八挺合力、纔数宇之営造、復一寺之基跡、我君殿下忝彼御流、幸伝此本家温故知新之心、伝周旦之遺美、継絶興廃之思、忝漢霍之音風、(ク)大護王法者仏法也、祐政道者神道也、今建立如来常住之仏閣、造営和光垂迹之神祠、上以祝尭日之聖運、中以祈姫(ママ)旦之賢徳、百寮之泰平、四海之静謐、莫不職而頼之而已然則遠相諧　聖皇之叡念、遥相応大師之宿慮、佛種従縁起、可謂利物之再昌也、善根待時熟、何疑和光重耀也、慶全至念此理、聊休其愁、蓋所以大聖利物隠顕随時之故也、(ケ)伏乞、任旧例下新恩、被助造営功者、隣国傍郷定守教命将興善根、昔日聖武天皇之開東大寺也、唱知識於八挺之民、恵恩禅師之建浄土堂也、偏勧進於十方之境、聖賢之所企、和漢不其爾乎、不耐懇念之至、粗勒子細謹請処分者、(コ)早可令庄内住人奉加彼慶全阿闍梨勧進、造金剛福寺堂舎殿等用途科之状、所仰如件、庄官百姓等宣承知勿違失、故下

正嘉元年四月　日　　案主図書允紀景重

令散位藤原朝臣時重　　知家事中原

別当右大弁藤原朝臣高定　大従止親祐安部親秀
主計頭清原真人頼尚
修理東大寺大仏長官左大史兼能登介小槻宿禰有家
勘解由次官兼中宮大進藤原朝臣高俊
散位源朝臣則長

史料1の一条家政所下文の慶全の解状に曰く以下の部分を要約すると次のようになる。
(ア)弘仁十四年正月十九日の天皇手印の勅書に、当山は、弘法大師が修行した霊地であり、官符を四国に下しその法命を継ぐ三会の霊場である。千手観音を本尊とし、熊野三所権現を大行事としている。藤原良房が右近衛大将の時、天皇の叡念により、仏法僧を宝とし、神威を輝かせ、以来四百年の恵命を継いでいる。
(イ)五相を観ずるに月影を結び、故老は、此寺に補陀落山の化主である三面千手観音が毎日臨光されるという。性空上人はこの姿を拝し六根清浄の位に至り、賀東行者は、ついにここより補陀落山の境に遷っている。この地はまさに仏法に相応し、人地相叶う地である。

（ウ）このような地であるので弘仁の聖主（嵯峨天皇）は、三昧供並びに修理料として官米三百三十石を奉免し国土の福田として吏民の快楽としてきた。ところが、時代が移り国衙による金剛福寺への保護が無くなり寺勢は衰退した。その後、法性寺大殿（藤原忠通カ）が土佐知行国主であった時に、旧例を引き新免三十町の免田が寄進された。

（エ）この寄進状は永く寺家に留められていたが、田堵等が対捍し地利が減少し応保元年には寺田は六町に減少するなど再び金剛福寺は衰退している。その理由は、庇護者であった郡主宗我部氏が滅亡しその沙汰が止んだためである。そのため金剛福寺は僧侶は食に事欠き、堂社は減り、山の厨房の煙は絶え、春には飢えをしのいで蕨をとり、着衣は薄く秋の夜長に寒さを防ぐ手立てすらない窮状であった。

（オ）ここに慶全は金剛福寺に當宿したことにより寺務（院主）を引きうけ、仏前の香や花を調え、絶えていた灯明の供えを務めた。少しばかりの恩返しに興廃に勤めること数ケ年を経た建長五年（一二五三）の春三月頃、金剛福寺の三重塔建立の大願を一念発起し、国の内外や近隣の庄郷に勧進活動を始めたが念願の事業は困難でこの願いが達成するまで心身が鎮まることはなかった。

（カ）ところがその矢先、去年（建長八年）八月下旬七日夜半、不慮の火災により金剛福寺は全焼し、仏閣神殿はすべて灰となり、仏具や宝器も煙と化した。しかし本尊七体は、炎の中に相好は変わらず、煙の中でも尊容は、元通りであり、まことに奇特なことであった。

（キ）天災は遁れられないがこのような仏意は計り知れない。誰が寺の復旧をするのかと、慶全は宿願が達成できず復旧が難しいことに嘆き途方にくれた。旧記を思うに、願西上人の時、今のように回禄し、法性寺殿より三十町の免田を奉免され、八挺の合力により数宇の造営をし、一寺の復旧を成し遂げている。わが君殿下は、法性寺殿の流れを受け、周旦の美風や漢霍の音風を伝え、幸いなことに温故知新の心をもち、(金剛福寺)復興の思いを持っておられる。

(ク)そもそも王法は仏法により、神道は政道を佑ける、今こそ如来常住の仏閣を建立し和光垂迹の神祠を造営することは、聖運を祝し賢徳を祈り百寮の泰平や四海の静謐を知らしめるものである。また、これは、遠くは嵯峨天皇の叡念と弘法大師の宿慮にこたえるものである。また、あらゆる事象は仏種の縁起により利物は再昌するというべきであり、善根は時の熟する時を待ち、和光が再び輝きを増すという道理に思い至り(慶全は)しばらく憂いを休めた。大聖の利物が現れ消えるのは時に応じてのことである。

(ケ)(慶全は)聖武天皇が東大寺を開き、恵遠禅師が勧進によって浄土堂を建立したという和漢の故事に倣って金剛福寺の再建の為に、旧例に任せて金剛福寺の造営に新恩を下されるように伏して援助を請い、隣国や近郷へ勧進活動の認可を求めた。

（コ）前摂政家の仰により幡多荘の庄官百姓等に、慶全の勧進に応じて金剛福寺の堂社殿等修造の用途の負担をすることを命じる政所下文を正嘉元年（一二五七）四月付で発給している。

（ア）～（エ）の内容は、霊験あらたかな足摺の景観と観音霊場成立の由来や寺院の歴史を述べた金剛福寺の「縁起」であり、（オ）～（ケ）は、院主慶全が金剛福寺修造の作善を勧める「勧進状」というべきものである。（キ）のわが君殿下とは幡多荘荘園領主一条実経であり、（コ）において実経は幡多荘の荘官百姓等に慶全の勧進に奉加するよう命じている。

前摂政家政所下文の「慶全の解状に曰く」以下の部分は、もっぱら慶全が上申した「解状」の文言を引用したものと推定される。慶全らはすでに建長五年三月より三重塔造営の勧進を始めていたと思われるが、正嘉元年四月以後はこの前摂政家政所下文を推戴し、焼失した金剛福寺の堂舎の復興のため幡多荘を中心に土佐国内や隣国へも勧進活動を展開していったものと思われる。その結果、『蹉跎山縁起』によれば、「康元元年（建長八年）八月二十七日回禄せしむ、造営早成、文永四年供養をとげらる、其間十一年、本尊の御身に円明寺殿（実経）御名字を籠らる(5)」とあるように、慶全を中心とする勧進活動により十一年後の文永四年（一二六七）には金剛福寺の修造が完成している。

2　阿闍梨慶全と中興の祖・南仏上人

次に第1期の勧進活動を展開した勧進上人・阿闍梨慶全と金剛福寺中興の祖とされる金剛福寺院主・南仏の関係について考えたい。

次の史料は弘安四年（一二八一）の前摂政家（実経）政所下文である。

【史料2】前摂政一条家経家政所下文写（6）

前摂政家政所下　土佐国幡多本郷沙汰人百姓等、

可早任金剛福寺院主南仏申請如元免除当寺并香山寺供田畠拾壱町肆段弐拾代事、

金剛福寺六町〈加畠一丁定〉／以南《いなん》村伊布里《いぶり》名一丁／中村《なかむら》内観喜丸《かんきまる》名一丁／同村内曾禰《そね》村燈油畠一丁／具同《ぐどう》村布賀木《ふかき》名参丁在堺／香山寺五町肆段弐拾代〈加畠一丁定〉中村《なかむら》内小塚大坪《こつかおおつぼ》一丁／具同《ぐどう》村内早代長田《さよながた》一丁／同村内中津《なかつ》町一丁　同村内上津《かみつ》町一丁／同村内芋生《いもお》灯油田一丁／同村内高針木《たかはりき》三反／同村内境尻《さかいじり》一段二十代

右、彼南仏解状偁、件田畠者御奉免年尚、雖無当時之違乱、為備向後之亀鏡、任正嘉例為別納地、可停止庄家妨并万雑公事之由、被成下御下文、弥致御祈祷之忠、専欲励修造之功云々者、早依請停止万雑公事、并沙汰人及甲乙人等之妨、永可令

免除之状、所仰如件、沙汰人百姓等宜承知、勿違失、故下、
弘安四年五月　日　　案主掃部允中原花押
別当勘解由次官藤原朝臣花押　　大従前日向守安部朝臣　花押
（源則長）
前土佐守源朝臣花押
（源則任）
前丹波守源朝臣花押

史料2は、南仏の解状を承認し、正嘉の例に任せて、金剛福寺の寺領六町、香山寺の寺領五町七反二十代を別納地とし、供田畠の万雑公事の免除、および甲乙人・沙汰人等の妨げを禁ずるよう命じている。

一条家政所別当の源則長、源則任等が署判している。政所下文の発給された弘安四年は、

第1期の修造が完了した文永四年より十四年を経過しているが、この時期、実経は土佐の知行国主であり、源則長は、前土佐守、一条家政所別当として、土佐国の国務と幡多荘の荘務を掌握していたものと推察される。南仏の金剛福寺院主職補任が確認されるが、金剛福寺修造の功により荘園領主・一条実経の信頼を得た結果であろうと推定される。また、この本郷沙汰人百姓等宛の政所下文から、香山寺は金剛福寺と一体の寺院として南仏が掌握していたものと思われる。南仏は金剛福寺院主引退後、香山寺に隠居したとされるが、南仏の申請による金剛福寺と香山寺の寺領への不輸（万雑公事の免除）不入（沙汰人・甲乙人の妨げの停止）の承認は一条家と南仏との緊密な関係を示している。

ところで、南仏の呼称は、建武二年の新免次第（第四節、4、史料17参照）に「南仏房領作分」とあることから、房名（僧侶の住居すなわち房の名称）から転じた僧侶の通称であり、正式の諱は別にあったのではないかと推察される。

正嘉元年（一二五七）の政所下文に見える金剛福寺中興の勧進上人である阿闍梨慶全と

金剛福寺院主の南仏は一見別人のようだが、1期の勧進上人としての両者の勧進活動の時期は連続しており、時期や活動内容から判断すると同一人物の可能性が考えられる(7)。「南仏房」の諱(実名)は「慶全」であり、「南仏房慶全」であるとすれば、慶全は金剛福寺中興の祖、南仏上人その人ではないかと推定される。以後の金剛福寺歴代院主の通字が「慶」であることも、「南仏房慶全」と推定する根拠となるのではないだろうか。

3　南仏の置文と金剛福寺院主職の継承

南仏(慶全)上人によって復興された金剛福寺は、どのように運営されたのか、南仏の置文と院主職の継承について次の史料により見ていきたい。

【史料3】前摂政一条家経家政所下文案写(8)

前摂政家政所下　土佐國幡多庄沙汰人百姓等

可早任先師南佛譲、以弟子快慶、為蹉陀御崎金剛福寺院主職事
右以人為彼職、依先例、任政所御下文、執行寺務、致御祈祷之忠、可励修造之功者
也。兼又寺僧中、違背寺務之仁云、勤行寺用無故致不法懈怠者、任南佛之置文、擯
出其身、加付領作田畠於修理田、至其跡之勤者、可為院主之計也。加之、寺僧等領
知之供田、一期之後無法器之仁者、同可加寺用田、但先申子細、於政所可仰上裁矣。
（中略）
弘安十一年二月　日　案主掃部允花押
　令前大蔵少輔安部朝臣花押　大従前能登守阿部朝臣花押
別当宮内卿高階朝臣花押
　造興福寺長官権右中弁藤原朝臣花押
　前土佐守源朝臣花押
　前丹後守源朝臣花押

民部権大輔藤原朝臣花押
皇后宮大進藤原朝臣花押
皇后宮権大進藤原朝臣花押

史料3は、七年後の弘安十一年、南仏の弟子・快慶に金剛福寺院主職の譲渡を承認した前摂政家（家経）政所下文である。南仏の置文にまかせて、公私の祈祷に励むこと、堂舎の修造を怠らぬこと、寺僧の中で、置文に従わぬものは追放するとしている。しかのみならず寺僧等が領知の供田については、没後は私物化を禁じ寺用とし、一条家政所の指示を仰ぎ院主の決定に従うようを命じている。

南仏の置文の内容は、金剛福寺僧侶の統制と寺院の修造や供田の管理・継承等に関する事項を定めていたものと推定される。

一条家は供田を寄進し金剛福寺を外護する一方、政所下文で院主職補任を承認し、祈祷寺としての金剛福寺を掌握していたと考えられる。

第二節　正応の回禄と寺領の拡大

1　正応の回禄と快慶の勧進活動

つぎの史料は、正応二年（一二八九）五月に二代・一条家経が正応二年二月の2回目の金剛福寺の回禄（火災）後、勧進に対する奉加を命じ金剛福寺に新たに寺領供田を免除した政所下文である。

【史料4】前摂政一条家経家政所下文正文写(9)

前摂政家政所下　土佐國幡多庄沙汰人百姓等

可早任先例免除蹉陀《さだみさき》御崎金剛福寺供田畠拾町伍段事

中村《なかむら》内歓喜丸《かんきまる》名／同村内曽禰《そね》村灯油畠壱町／以南《いなん》村三崎《みさき》村伍段／同村内伊布利《いぶり》名　在四至／具同《ぐどう》村内布賀木《ふがき》名参町　同／平田《ひらた》村内九樹《くじゅう》村参町　同／大方《おおがた》郷内浦國《うらくに》名田口《たのくち》壱町

右件田畠者、御奉免年尚、而去二月四日當寺回禄之時、代々政所御下文等令焼失云々。雖無當時之違乱、為備向後之亀鏡、重所申請政所御下文也。仍為別納不輸之地、且停止雑掌及甲乙人等検断以下之妨、且免除御年貢并万雑公事、弥致御祈祷忠、専可励造営之功也。兼又寺領等殺生禁断事違背、度々御下文動違犯云々、事実者罪責不軽、為向後傍輩不可不禁、猶若不拘厳制者、不日可注進交名、殊可有其沙汰之状所仰如件、沙汰人百姓宜承知、勿違失、故下、

正応二年五月　日　案主掃部允中原　花押

令前大蔵少輔安倍朝臣　花押　　知家事中原　花押

別当造興福寺長官右大弁藤原朝臣　花押　大従前能登守安倍朝臣　花押

宮内卿高階朝臣　花押
右馬権頭源朝臣　花押
右少弁兼皇后宮大進藤原朝臣　花押
民部権大輔藤原朝臣　花押
皇后宮権大進藤原朝臣　花押

【史料5】前摂政一条家経家政所下文（10）

前摂政家政所下　土佐國幡多庄沙汰人百姓等
可早任正嘉元年政所御下文旨依院主快慶勧進奉加造金剛福寺堂舎神殿用途事
副下
御奉加御教書
正嘉政所下文案

右造営者公私之祈祷寺院之大営也、子細且見于正嘉御政所下文、乃庄内住人等、任快慶勧進、宜奉加、兼又於寺領田畠之所當者、造営之間、閣寺僧之依怙、為院主之奉行、一向可宛用作料也、次香山寺供田内南仏領作分同可宛用至、自余供田者、随堪可合力之状、所仰如件、沙汰人・百姓宜承知、勿違失、故下、

正応二年五月　日　案主掃部允中原（花押）

令前大蔵少輔安倍朝臣（花押）　知家事中原

別当造興福寺長官右大弁藤原朝臣（花押）大従前能登守安倍朝臣（花押）

宮内卿高階朝臣（花押）

右馬権頭源朝臣（花押）

右少弁兼皇后宮大進藤原朝臣（花押）

民部権大輔藤原朝臣（花押）

皇后宮権大進藤原朝臣（花押）

史料4では、正応二年二月八日に金剛福寺が回禄した際に、正嘉の前摂政家政所下文を始めとする、重要な券契が焼失したため、向後の亀鏡とするため、紛失状発給を求めていることがわかる。そして引き続き、不輸の地として金剛福寺の供田畠十町五段の年貢および万雑公事の免除を承認し祈祷の忠を尽くし、焼亡した寺院の造営に励むよう督励している。さらに、雑掌および甲乙人等の検断以下の妨げを禁じ、禁制を侵すものがあれば交名を注進するよう命じている。このように再び回禄した金剛福寺では院主快慶のもとで、焼亡した堂舎の修造のため勧進活動が展開されている。また史料5の政所下文（家経）では、金剛福寺の修造のため改めて、院主快慶の勧進に奉加を命じ、正嘉政所下文案文を副えて下している。また造営中は寺領の所当はすべて院主の奉行とし、一向に作料に宛て行い合力するよう命じている。

弘安四年（史料2、第一節、2）と正応二年（史料5）の金剛福寺供田畠を比較すると、四町五段余りの寺領の増加が見られ、また寺領の範囲が四万十川下流域および大方郷浦国名田ノ口等まで広汎に分布している点が注目される。（第三節、図3参照）

2　異国降伏の祈祷と寺社興行

文永十一年（一二七四）十月の文永の役、弘安四年（一二八一）の弘安の役による元・高麗の来襲に際して、鎌倉幕府、朝廷は、諸国の一宮を始め、主要な寺社に対し、異国降伏の祈祷を命じている。三度目の元・高麗の来襲も予測されていたことから、諸国の寺社に対しても引き続いて、神仏への異国降伏の祈祷が命ぜられ、正応四年二月には、幕府は、諸国一宮、国分寺、主要寺社に異国降伏を祈らせている。二期目の回禄の修造の途中であった金剛福寺にも一条家より祈祷が命ぜられている。

【史料6】一条内実政所下文（11）

政所下　幡多庄蹉跎御崎住侶等仰下條々
一御祈祷事
右異国事粗有其聞、□仍任先年被仰下之旨致□忠、且恒例長日勤行弥不可有退転之上、當御領豊穣□由、自明年正月一日昼夜不退別殊可抽丹誠矣
一當寺造営事
右住侶等可令合力之上、供田土貢可宛作料、以下用途被定下御畢、已五ヶ年于今無立木之實云々、是併寺□僧等緩怠之故歟、太□謂、不日可纔造畢之功成也、猶若無故令遅引者、任先御下文之旨、供田畠共□悉可□於寺家矣、
一四至内殺生并検□停止事
右度々政所御下文厳密之処、動違乱云々、事若實者、頗濫吹之至也、永可停止矣、
（中略）
以前條々所仰如件、住侶等宜承知、敢勿違失、故下

案主左衛門尉中原

正応五年十二月　日　大従前能登守安部朝臣（花押）

（源則任）

別当丹波守源朝臣　（花押）

史料6によると、正応五年十二月、一条家（内実）政所下文を金剛福寺に下して、「右異国事粗有其聞」として、住侶等に祈祷を命じている。「任先年被仰下之旨」とあるので、前年の正応四年にも異国降伏の祈祷の指示が伝えられていたものと推察される。金剛福寺は、荘園領主一条家の公私の祈祷の要請に応え、異国降伏、荘園支配の安寧や五穀豊穣等の祈祷をおこなうことにより、寺社の興行がなされていったものと推察される。

また、第二期の修造が五年を経過しても進捗しない点を叱責し、次いで金剛福寺四至内の殺生禁断を改めて命じている。

3　一条家の奉賀官米と勧進活動の体制化

勧進は元来、人々に作善を進める行為であり、造仏や寺院の修造のため人々に一紙半銭の布施を進めるものであった。荘園領主一条家の奉加はどのようにおこなわれていたのか、金剛福寺の勧進活動の実態について次の史料より考えたい。

【史料7】左大将一条内実家政所下文案写(12)（番号は筆者による）

（内実）
左大将家政所下　土佐國幡多庄官百姓等
可早任文永例、守支配旨、致沙汰蹉跎御崎金剛福寺、供養御奉加官米柒拾斛〈本斗〉事
①具同《ぐどう》村拾斛②敷地《しきじ》村拾斛／③中村拾斛④平田《ひらた》村柒斛／⑤山田村柒斛⑥宿毛《すくも》村柒

斛／⑦大方《おおがた》郷柒斛
⑧以南《いなん》村陸斛／⑨磯河名《いそのかわみょう》壱斛弐斗　⑩江村《えのむら》弐斛参斗／⑪仁井田山《にいださん》参斛伍斗
右件御奉加官米、為臨時徴下任先例、今年中如員数無懈怠、可沙汰渡于院主快慶之状、
所仰如件、庄官百姓等宜承知、勿違失、故下
　　正安二年十一月　日　案主左衛門尉中原花押
令前能登守安部朝臣花押　知家事木工助安部花押
別当散位源朝臣花押
民部大輔藤原朝臣花押

史料7は正安二年（一三〇〇）、幡多荘内の村々に、奉加官米七十石を臨時に徴収し、金剛福寺院主快慶に、今年中に渡すように命じた一条内実の政所下文である。一条家の奉加官米は、幡多荘内の村々に割り当て、金剛福寺に納入させる方法をとっていたと推定さ

れる。（序章第一節、図2、金剛福寺奉加官米供出村の分布①～⑪参照）また、「文永の例にまかせて」とあるので、このような勧進活動は、文永年間の南仏の第1期修造においても実施されたものと推定される。

【史料8】右兵衛尉助材奉書（13）

（源清兼）

（袖判）

蹉跎御崎金剛福寺供養御奉賀官米七十石内、本斗敷地村分拾石、任政所御下文之旨、守先規為臨時徴下、今年中如員数無懈怠、沙汰渡院主快慶可令取進請取之由、所被仰下也、乃執達如件

正安二年十一月十五日　右兵衛尉助材　奉

敷地《しきじ》村沙汰人等中

史料8は、史料7の②の敷地村の「敷地村沙汰人等中」に対して奉行・源清兼の意を右兵衛尉助材が奉じて伝える文書で、金剛福寺の奉加官米七〇石の内、敷地村の割り当て分、十石を今年中に金剛福寺院主・快慶に間違いなく渡すよう命じている。「臨時に徴し下し」とあるので奉加官米が臨時に村々に割り当てられ、沙汰人が徴収し金剛福寺院主に届けていたことが確認される。奉加官米は、各村の段別や棟別等の生産高や戸数等に応じて賦課されていたと思われる。敷地村の事例で明らかなように、金剛福寺の勧進活動は荘園領主・一条家の荘園支配の仕組みに支えられており、金剛福寺の勧進活動の体制化（14）が指摘できる。

第三節　嘉元大検注と津倉渕の寄進

嘉元元年（一三〇三）は一条家による幡多荘全域の大検注が実施され、荘園支配の再編成が行われている。検注は、元来、国司の代替わりごとに実施され、荘園においても給主の代替わりに実施される建前とされた（15）。幡多荘においては、この嘉元の大検注以後は、大規模な検注は実施されず、後々までこの検注の結果が年貢賦課等の基準とされた。奉行人、源則任等によって幡多荘の検注がすすめられたと思われるが、検注の翌年に四万十川河口右岸の具同村不断丸名津蔵渕が金剛福寺に寄進されている。

【史料9】前淡路守重康奉書（16）

（源　則任）
（袖判）

幡多庄具同《ぐどう》村不断丸名《ふだんまるみょう》内津倉渕《つくらぶち》壱所〈四至見検注帳〉、被寄付蹉陀山金剛福寺候、
御家門繁昌無撓可被祈祷申之由、前右馬権頭殿仰所候也、仍執達如件

嘉元二年三月十二日　前淡路守重康

謹上　院主大輔律師御房

史料9は、一条家が幡多荘の荘園支配再編成のために実施した嘉元大検注後、嘉元二年（一三〇四）、具同村不断丸名内津倉渕一所を金剛福寺に寄付した寄進状である。前右馬権頭殿の仰を前淡路守重康が奉じた文書で、袖判は奉行人、源則任である。寄進状には「御家門繁昌無撓可被祈祷申之由」とあるように、一条家の繁昌と災いが無いよう金剛福寺に祈祷を命じ、新たに寺領として津倉渕一所が寄進されている。津蔵渕が金剛福寺に寄進された嘉元二年は、三代内実の最晩年で、内実はその年十二月に二十九歳で死去し十四歳の内経が一条家を継承している。

津倉渕は、四万十川下流域右岸河口付近で、金剛福寺の所在する以南村と山田郷および本郷との境界にあって、以南村へと通じる交通上、重要な地点である。対岸の下田は幡多荘船所の所管する湊「横浜」があり、金剛福寺が四万十川の下流域の水運および交通を掌握する上でも、四万十川下流域の津倉渕の寺領支配は重要な意味を持ったものと考えられる。津倉渕の寄進状には津蔵渕の検注目録が添付されており、鎌倉期末の村落の実態を垣間見ることができる。（図3参照）

【史料10】土佐国具同村津蔵渕検田目録案写[17]

〈上書如此〉津倉渕《つくらぶち》田畠坪付名寄進
具同《ぐどう》村　津倉渕《つくらぶち》
　　注進　嘉元々年御実検田畠以下目録事
　東限〈サカリ松〉　　西限〈シラクツレノタワ〉
合南限〈小ナシゝノ河〉　北限〈間崎ノ小川〉
一田代六町四反十代内

新田五町四十五代〈年不三反〉

畠成一町三反十五代〈三反ハ山神之内免之由申〉

ワラヒウノ山坂四反

宮山坂三反〈但自敷地近年押領云々〉

一畠五町三反四十代内

平畠四丁六反卅代〈常者八反四十五代反は井家内免之由申〉

山畠三反十代

宮山坂四反〈常不二反廿但敷地近年押領云々〉

現作四町二反廿五代〈山坂山畠加定〉

一屋十四宇内〈中二下十二〉一宇宮山坂

一桑十五本内〈中三下十二〉六本宮山坂

一カチ四十六本

一古帳畠六丁六反廿五代〈常荒年不山坂山畠加定〉
右太略注進如件
嘉元二年三月　日　公文代　花押

史料10は、津倉渕《つくらぶち》の検注目録であり嘉元二年（一三〇四）の領家の検注の結果を示す史料である。津蔵渕を概観すると、四至（A東限〈サカリ松〉B西限〈シラクツレノタワ〉C南限〈小ナシシノ河〉D北限〈間崎ノ小川〉）を持ち、十四宇の在家の付属する十一町余の寺領が寄進されている。

津倉渕は、村落中央を小河川が貫流し四万十川に注いでいる。史料10において注目されるのは、田代六町四反十代の内、新田五町四十代（内年不三反）と記載されている点で、田地は一旦荒廃したあと、新田として再開発されたものと思われる。そのうち、三反は不作、また、かつての水田で今は畠として耕作しているのが畠成であろう。津蔵渕は四万十川下流域にあるため川が氾濫することも頻繁であり、そのため耕作地である田代は水害等の影響が大きかったのではないだろうか。また、畠が「古帳」に六丁六反二十五代と記載されており、すでに嘉元の大検注以前に畠が検注の対象として把握され、畠地子（畠年貢）が課役されていたと推定される。又、検注目録には桑やカヂ等の絹や紙などの原料となる栽培作物が本数まで詳細に把握されており、養蚕や機織、製紙等がおこなわれていたものと思われる。また、田代の畠成一町三反一五代の内、「三反ハ山神之内免之由申」とあり、村落鎮守の山神の祭祀が行われていたことが確認される。「井家内免」は灌漑施設の補修の費用に充てるためのものであろう。宮山坂三反の田代と畠四反は、「ただし、敷地より近年押領とうんぬん」との注があり、敷地氏に近年、宮山坂の田代三反、畠四反が押領されている。敷地氏は津蔵渕に隣接する山間地、三原村の在地領主と思われ、宮山坂は三原と隣接する西境B付近と推定される。金剛福寺は新たな所領、津蔵渕において敷地氏との間で係争地があったことが想定される。

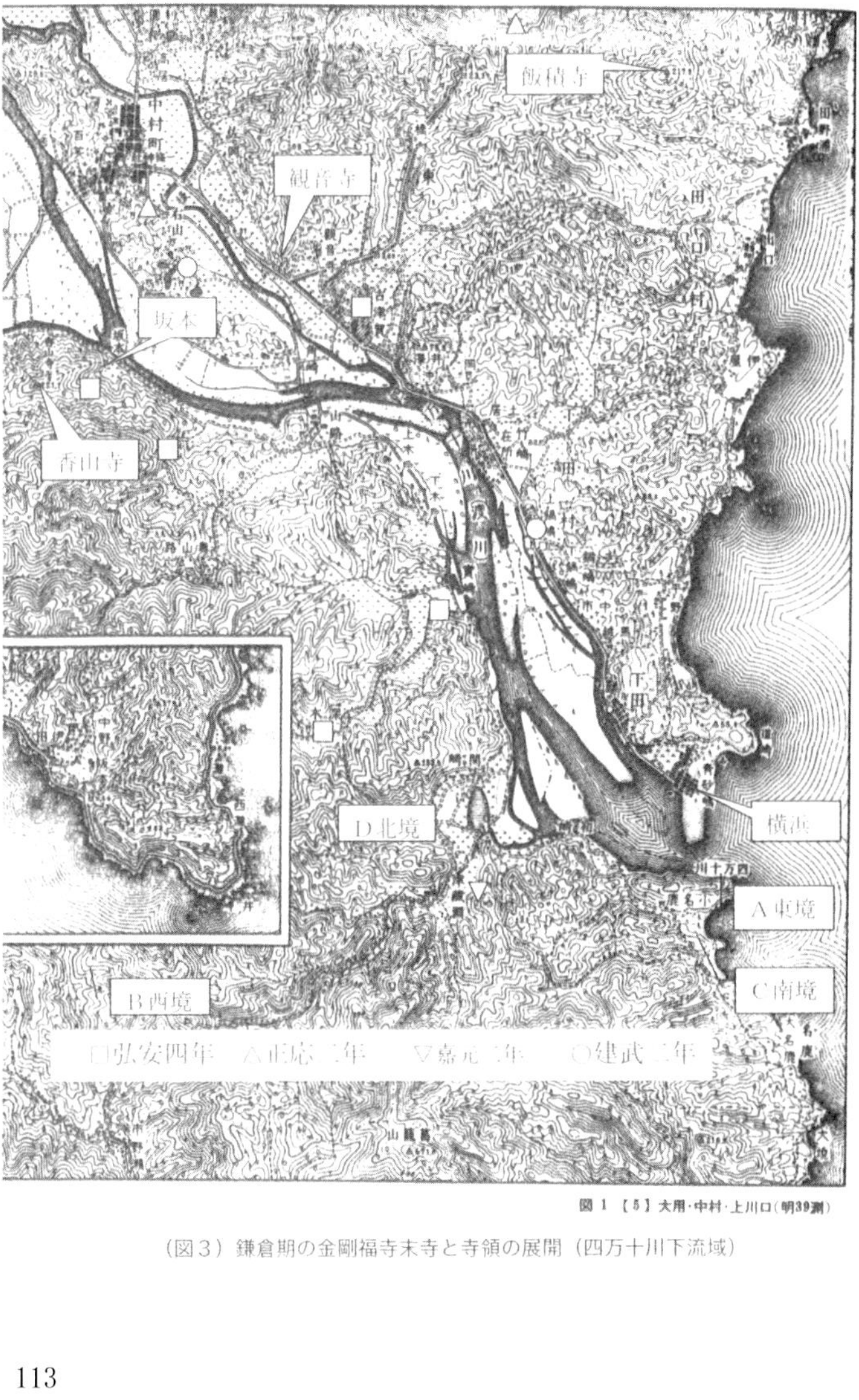

（図３）鎌倉期の金剛福寺末寺と寺領の展開（四万十川下流域）

第四節　延慶の回禄と心慶の勧進活動

1　心慶の勧進活動

延慶三年（一三一〇）正月二日金剛福寺は、三度回禄（火災）し焼亡している。正安二年（一三〇〇）の修造からわずか十年後のことである。同年二月には金剛福寺院主心慶の勧進活動に奉加するよう、政所下文と御教書が発給されている。一条家当主は内経で、権大納言（二十歳）であった。

【史料11】権大納言一条内経家政所下文案写（18）

（内経）
権大納言家政所下　土佐國幡多庄沙汰人百姓等

可早任正嘉以下度々政所下文旨、依院主心慶律師勧進奉加造金剛福寺堂舎神殿以下用途事

副下

御奉加御教書

正嘉政所下文

右造営者、公私之祈祷寺院之大営也、子細且見于度々政所下文、乃庄内住人等、任心慶勧進、宜奉加、兼又於寺領田畠之所當者、造営之間、閣寺僧之依怙、為院主之奉行、一向可宛用作科也、至自余供田者、随堪可合力之状、所仰如件、沙汰人・百姓宜承知、勿違失、故下、

延慶三年二月　　日　　案主左衛門尉中原

別当修理右宮城使右中弁藤原朝臣花押　　知家事正親佐安倍花押

前美濃守高階朝臣花押

左少弁藤原朝臣花押
治部大輔藤原朝臣花押
散位源朝臣花押

史料11では、庄内住人等に心慶の勧進に奉加すると共に、金剛福寺の造営中は、寺僧の依怙をさし措き、寺領の作科をすべて修造の費用とし、その他の供田も堪え随い修造に合力するよう命じている。

【史料12】権大納言一条内経家御教書写(19)

権大納言家
奉加　金剛福寺造営料事
官米壱佰斛

延慶三年二月　　日
別当散位源　清兼　奉

【史料13】左衛門尉助親奉書(20)

(源清兼)
(袖判)

蹉跎御崎造営用途事、所被成下政所御下文也、可被存其旨、且有志之輩、任院主心慶之勧進可令奉加之由、可被相触村内、兼又御奉加官米百石内、当村分十石〈本斗国定〉募御年貢内、沙汰渡寺家、可被口請取之由、被仰付候也、乃執達如件、

延慶三年二月十四日　　　左衛門尉助親奉

謹上　以南村預所二郎右衛門尉殿

史料12の御教書で明らかなように、3期の金剛福寺造営のための奉加官米百石を一条内経が寄進している。これらの奉加官米は、1期、2期の修造のときと同様に、幡多荘の村々に割り当てられたものと考えられ、史料13に見られるように、以南村の預所二郎右衛門尉あてに左衛門尉助親が奉る一条家政所別当の源清兼の袖判奉書が発給されている。内容は、以南村預所に院主・心慶の勧進に奉加するよう村内に触れるとともに、一条家の奉加官米百石の内、十石を寺家に渡すよう命ずるものであった。

2　心慶の院主職罷免と再任

ところで、第3期の金剛福寺の復興の事業は、なかなか進捗しなかったようである。このような事態を想定させる次の無年号文書が見られる。

【史料14】肥後守某奉書（21）

金剛福寺造営并御本尊用途遅候事、御教書如此、早任仰下旨、来十一月中、御本尊用途必可被其沙汰也、且造営中、其後沙汰次第何様候哉、所詮可被終早速之功也、此等条々可有御尋、来十一月企参洛可被明申之由、被仰下之状如件、

九月廿一日　　肥後守

院主太輔律師御坊

史料14は、3期の金剛福寺の修造が進捗せず、御教書を承り肥後守より院主太輔律師御坊（心慶）に十一月に参洛し直接修造の進捗状況の説明を求める書状である。その結果、心慶がいったんは院主職を罷免されたものと推定される。金剛福寺院主職の補任について、元応元年（一三一九）の次の史料がみえる。

【史料15】左衛門尉助親奉書（22）

（源　清兼）

（袖判）

金剛福寺院主職事、所被還補也。早存此旨、云寺院興隆、云朝夕勤行、不可有□怠儀之由、前刑部権少輔殿御奉行所候也。仍執達如件。

元応元年五月廿二日　　左衛門尉助親奉

大輔律師御房

史料15は、大輔律師御房（心慶）に対して、「金剛福寺の院主職を還補するので、寺院の興隆や朝夕の勤行に励むよう命じた」一条家の奉行人・前刑部権少輔殿（源清兼）の指示を左衛門尉助親が奉じた袖判奉書である。この史料から、心慶は、3期目の延慶の回禄時の修造にあたって、予定どおり事業が進捗せず一度はその責任を問われ、院主職を罷免されたものと推定される。したがって、心慶の参洛を求める無年号文書は、延慶三年（一三一〇）から元応元年（一三一九）の間のことであろうと推定される。一条家は金剛福寺の修造に奉加して寺院の再建に援助を与えると同時に院主を厳しく督励し、院主職の補任により金剛福寺を掌握していたと考えられる。

3　心慶の譲状に見える後継者村慶と定慶

先述したように一条家は奉行が院主職の補任権を掌握し、院主である心慶をいったんは罷免するという金剛福寺への統制を行っている。ところが、院主に再任された心慶は、その後、再び院主職を弟子・定慶に譲り渡している。正慶二年（一三三三）五月十日の心慶の譲り状には次の記載がある。

【史料16】心慶金剛福寺院主職譲状（23）

譲渡　土佐国幡多庄蹉跎三崎金剛福寺院主職事

右當院院主職者、従大師草創以来、数代相承敢無他之妨、故撰法器浄行之輩、所譲与寺務之所職也。爰阿闍梨村慶、為法器之仁間、成附弟之思処、先立于心慶早生、無力次第也。此上者雖為何仁、撰法器之輩可譲与之処、定慶宮内卿公適為器量弟子之間、代々摂政家御下文并次第手継重書、供田寺田免田畠等坪付本券住坊屋敷男女所従資財雑具、不残一塵所譲渡実也、更不可有他之違乱兼又於供僧并末弟等之中若背院主之命及敵対之儀者、任前摂政家御下文并先師南仏房之置文旨、擯出門徒之中、可停止寺中之経廻、将又院主并供僧等一期之後、不及法器之沙汰、以供田寺田譲与道俗男女之輩条、御祈祷退転之基、寺領顛倒之源也、尤可撰法器之仁、定此等之趣、早致寺務官領、先造営興隆、可専公私之御祈祷、乃為後々末代譲状如件、

正慶二年五月十日　院主権少僧都心慶（花押）

院主心慶は、弘法大師以来数代にわたり継承してきた金剛福寺の院主職を「法器浄行之

輩」として院主職を譲るつもりであった弟子、村慶に先立たれ、力を失い、奉行人・宮内卿の公適（好適カ）により、定慶に代々の摂政家下文ならびに重要書類、寺領の坪付本券や住坊・屋敷、男女所従や資財・仏具等、一切を塵一つ残さず譲渡するとしている。金剛福寺院主の補任にあたっては、学識・徳行を兼ね備えた人物であるという条件に、なおかつ奉行人の意にかなった人物が選出されていたと考えられる。また、院主の命にそむき敵対するものは前摂政家政所下文と南仏房の置文の旨に任せて追放し、寺中の経廻を停止するとしている。さらに、相続した寺領を道俗男女の輩に譲与することを禁じ、寺の造営と公私の祈祷に励むようにとしている。

心慶が譲状を認めた正慶二年五月は、大きな社会変革の時期と重なっている。五月七日に六波羅探題は没落、五月二十二日には鎌倉攻めにより鎌倉幕府が滅亡している。五月二十五日には年号も元弘に復される。

4　心慶の新免次第と寺領の展開

嘉元の大検注以後、金剛福寺は三度の回禄（火災）と勧進活動により一条家から津倉淵以外にも新たに寺領が寄進され、南北朝期には幡多荘一円に寺領が展開している。それは次の史料によって確認できる。

【史料17】金剛福寺・香山寺供田畠等目録案写（24）

蹉跎山《さださん》四至并供田畠同新免次第

一蹉跎山四至〈東ハ窪津《くぼつ》川ヲ限、西ハ箕宛《みあて》川ヲ限〉

一以南《いなん》村伊布里《いぶり》御仏供田四丁十代〈此外小塚《こつか》ノ荒巻《あらまき》二段此御仏供田内也〉

一同村内三崎新免六段

一大岐ノ御供田五段

一具同《ぐどう》村内津倉淵《つくらぶち》新免一所四至〈東ハ大川《おおかわ》限、西ハ白クツレノタワ限、南ハ小ナシシ

ノ川限、北ハ間崎《まさき》ノ川限〉宮坂山《みやさかやま》ヲ加定見検注帳

一同村内布賀木《ふかき》一所四至〈東ハクロ石ヲ限、西ハ川限、南ハ山ヲ限、北ハ川ヲ限〉

一竹島一所

一観喜丸《かんきまる》二町〈此外観喜ノウシロノ本田七段、澤の内ハ皆寺内也〉

一大方郷浦国名《うらくにみょう》内田ノ口ニ一町

一佐宇賀《さうか》ノ塩田三段

一曽禰《そね》灯油畠一町五段〈此外下ニ亀ノ甲五段〉

一平田村九樹《くじゅう》一所四至〈東ハカナヘサキヲ限、西ハコフノ木ヲ限、南ハハタヽケヲ限、
北ハ川ヲ限〉

己上蹉跎山寺免也

香山寺供田畠内南佛房領作分

一中村内小塚大坪《こつかおおつぼ》一町

一（具）同村内早代長田《さよながた》一町　〈但五段ハ坂本屋敷ニ替之〉
一（具）同村内中津《なかつ》町一町
一（具）同村内芋生《いもお》灯油（田）一町
一シ水ノモト二段
一ウ山ノクエキシ三段〈灯油田〉
右件田畠者、蹉跎山并香山寺等、長日不断勤行之供田畠也、但蹉跎山小破之時者、段別白米一斗沙汰之、大破之時者、閣供僧之依怙、為院主之計可専修造之旨、且政所御下文并南仏房置文分明也。尤守此旨、早先造営興隆、可抽御祈祷忠勤之状如件、
建武二年卯月七日　　院主権少僧都心慶（花押）

史料17は、建武二年（一三三五）四月の金剛福寺及び香山寺の寺領の新免次第で、新たに寄進された寺領と寺領支配の心得について、院主心慶が書き置いた文書である。「右の

田畠は、金剛福寺と香山寺の長日不断勤行のための供田であり、金剛福寺の修造のため、小破の時は、反別に白米一斗を課し、大破の時はそれぞれの供僧の依怙をさし措き、院主の計らいで修造するよう一条家政所下文ならびに南仏の置文に明らかである。この旨に従い、寺院の造営と祈祷に励むべきである」としている。注目されるのは、心慶が再度院主として署判を記している点である。

新免次第では、正応二年（一二八九）の寺領・十町五段（第二節、1、史料5参照）と比較しても、金剛福寺は、新たに以南村で大岐の供田五段、四万十川下流域では、右岸の津倉淵十一町余や、曽爾（実崎カ）一町五段、左岸の佐宇賀塩田三段、竹島一所等に寺領を拡大し、香山寺も、具同の芋生灯油田一町や、中村のウ山ノクエキシ三段（灯油田）等に、新たに供田を寄進されている。津倉淵のみでも十一町を超えているので、金剛福寺の寺領は、正安二年（一三〇〇）（第二節、3、史料7参照）の時点より、少なくとも二倍以上に拡大していると考えられる。

南北朝期の複雑な政治情勢を背景として、在地にあって、金剛福寺は宗教的権威を背景とする幡多荘の有力な在地勢力として、寺領支配を展開していったものと考えられる。

5　第3期金剛福寺修造完成の時期について

金剛福寺本尊千手観音像の解体修理の際に発見された胎内銘には、造像時の年号月日や院主名等が記されている。

【史料18】（金剛福寺御本尊千手観音像胎内銘（25））

当院主権少僧都心慶（右玉眼下部）

暦応五年壬午歳前関白太政大臣藤原朝臣二月十一日（玉眼上部中央）

権院主大法師定慶　（左玉眼下部）

この胎内銘文より、延慶三年（一三一〇）の回録（火災）による金剛福寺の第３期の修造の完成の時期は、現存する千手観音像が造像された暦応五年（一三四二）頃ではないかと推定される。回録より三十二年を経過しているが、このように修造に多くの時間を費やしたのは、鎌倉期末から南北朝の動乱の政治情勢も背景にあったものと推定される。（玉眼上部中央）の前関白太政大臣藤原朝臣は、一条家当主の一条経通であろうと推定される(26)。

経通は、正中二年（一三二五）に七歳で一条家を継ぎ、当時二十四歳であるが、二年後の康永三年（一三四四）には、日記『玉英記抄』七月十八日条に、円明寺禅閤（実経）の忌日の仏事の際の記事として「幡多庄令静謐者、自後年為八講也」と見えることから(27)、金剛福寺本尊千手観音菩薩の造像の完成は、ようやく静謐の時を迎える幡多荘の状況を象徴する出来事であったのではないだろうか。

第五節　金剛福寺の院主たち―南仏、快慶、心慶、定慶について

金剛福寺には、戦国期、弘治年間に金剛福寺院主であった一条房家の子、尊祐の手になるものと推定される歴代院主の位牌が残されている。この一条家金剛福寺位牌群代々別当位牌によれば、鎌倉期以降、戦国期まで次のように金剛福寺の院主職が継承されている。

【史料19】一条家金剛福寺位牌群代々別当位牌(28)より（二部、二章、史料8参照）

南仏―心慶―憂慶―隆慶―南慶―宥心―善慶―善雅―善快―尊海―尊祐

戦国期の金剛福寺において歴代院主の系譜と業績はどのように意識されていたのだろうか。金剛福寺の歴代院主で位牌に名前が継承され、系譜が明らかなのは弘安の前摂政家政所下文に見える南仏以降である。すでに戦国期においては鎌倉期に自明のことであった

正嘉元年の政所下文に見える慶全と南仏の関係（同一人物）がわからなくなり、また南仏の譲状に見える快慶については業績や名前すら意識されず、南仏の後継者としては心慶の存在が強く意識されていたと思われる。また、譲状に名前がありながら忘れられ、歴代院主の系譜に名前が記されていない人物に心慶の譲状に見える定慶の存在がある。

千手観音菩薩胎内銘には、金剛福寺当院主として心慶が、権院主として定慶の名前が記されている。正慶二年（一三三三）に、心慶は定慶に譲状をしたため、院主職を譲渡しているにもかかわらず、胎内銘により、暦応五年（一三四二）には心慶が再任され、当院主となっていることが確認される。この背景には何か政治的な事情があるのかもしれないが、南北朝の変革期にあたり、心慶が再度院主となり、後継者である定慶が権院主として補佐するという形で金剛福寺が運営されていたものと考えられる。

振り返ってみると延慶三年（一三一〇）の回禄（火災）に際しては、院主・心慶の勧進に応じるよう政所下文が発給されている。ところが、心慶は金剛福寺の修造が進捗せず状況説明のため上洛を命ぜられ、一旦は院主職を罷免されたものと推定される。しかし元応元年（一三一九）には罷免された院主職を還補され（史料15）、正慶二年（一三三三）には弟子定慶に院主職を譲渡する譲状を認めて、院主職を一旦は退いているにもかかわらず（史料16）、建武二年（一三三五）には再任されて、院主として新免次第を残し（史料17）、さらに金剛福寺本尊千手観音菩薩の胎内銘に暦応五年（一三四二）には、当院主として名前があることから（史料18）、心慶が3期目の金剛福寺の堂舎修造を完成させたものと考えられる。このように心慶は三十数年間にわたり、罷免、再任を繰り返しながら、鎌倉期末から南北朝期初めの困難な時期に金剛福寺の院主として在任した人物であり、延慶の回禄から金剛福寺を再建・復興させた、南仏上人に次ぐ金剛福寺中興の僧侶として後世に認識されていたものと思われる。

おわりに

本章においては、中世金剛福寺の勧進活動について考察してきた。鎌倉期の一条家当主は、実経―家経―内実―内経―経通と五代にわたり、一条実経の時代には、土佐知行国主として土佐国と幡多荘を支配し、一条家政所別当の源則長が奉行人として幡多荘の荘務を担当したものと推察される。その後も源則任、源清兼等の醍醐源氏の一族が奉行人として政所下文や袖判奉書等（金剛福寺文書）を発給し、一条家の幡多荘支配が行われた。嘉元三年（一三〇五）には、幡多荘の大検注が実施され、荘園支配の再編が行われている。

足摺半島に位置する金剛福寺は、観音信仰の霊場として知られ、鎌倉期三度の回禄（火災）にもかかわらず、中興の祖・南仏（慶全）ら歴代院主の勧進活動と荘園領主一条家の奉加により再建され、中世寺院として発展の基礎が確立された。金剛福寺の院主職は、一条家政所下文により承認され、鎌倉期には、南仏（慶全）―快慶―心慶と継承された。南仏（慶全）の弟子で「慶」を通字とする住僧等は、南仏の置文を守り、密教の行者で「法器の仁」である院主のもとに勧進活動を展開している。

金剛福寺の勧進活動は、一条家政所下文によって奉加官米が幡多荘の村々に割り当てられ、沙汰人が徴収し金剛福寺に納入される等、一面で一条家の支配機構に依存しており、勧進活動の体制化が指摘できる。金剛福寺の第1期の勧進活動は、南仏上人（慶全）により、建長八年の回禄より十一年間で修造が完成している。第2期は、正応二年の回禄より正安二年までの十二年間、快慶による勧進活動が展開されている。第3期の延慶三年の回禄後の勧進活動は、心慶により紆余曲折の後、鎌倉期末の南北朝の動乱により完成が遅れ、三十二年後の暦応五年（一三四二）ころに修造が成ったものと推定される。本尊千手観音菩薩胎内銘には、願主の一条経通と当院主として心慶、権院主として定慶の名前が記されている。金剛福寺の第3期の修造の完成は、幡多荘の静謐を象徴するものであったと思われる。

註

（1）中ノ堂一信「中世的「勧進」の形成過程」『中世の権力と民衆』日本史研究会史料部会編、創元社、一九七〇年

（2）『金剛福寺文書』は、金剛福寺に伝来する応保元年（一一六一）から、文明十一年（一四七九）までの古文書、正文、案文、写しを含めおよそ五十二通である。内容は、寺領寄進や寺領の殺生禁断・荘官不入に関する一条家政所下文、院主職譲状、船所職補任状、先達職補任状、御教書等である。

（3）「土佐清水市四国霊場第38番札所金剛福寺―木造千手観音立像修理報告及び像内納入品概要報告」『高知県立歴史民俗資料館研究紀要』第15号、二〇〇七年

（4）土佐国蠹簡集一二一、『高知県史古代中世史料編』一二二四頁、高知県、一九七七年

（5）前掲書（4）土佐国古文叢五八四、一一三六頁
（6）前掲書（4）土佐国蠹簡集一九、一二二八頁
（7）市村高男氏は、南仏上人が南仏坊慶全その人ではないかとする私と同様の見解を示されている。市村高男「中世日本の中の蹉跎山金剛福寺―土佐一条氏との関連を中心にして」『よど』8号、二〇〇七年
（8）前掲書（4）土佐国蠹簡集二二、一二三〇頁
（9）前掲書（4）土佐国蠹簡集二三、一二三〇頁
（10）前掲書（4）土佐国蠹簡集二五、一二三二頁
（11）前掲書（4）土佐国蠹簡集脱漏八五、九四八〜九四九頁
（12）前掲書（4）土佐国蠹簡集三五、一二三五頁
（13）前掲書（4）土佐国蠹簡集脱漏八六、九四九頁
（14）網野善彦氏は、東寺修造のための大勧進、願行上人憲静の弘安五年（一二八二）の五畿内諸

国への棟別銭徴取による勧進方式について、「個々の家々を遍歴し、勧進を行うかわりに、国衙―守護―の機構、荘園公領の体制を通じて、棟別に銭を「勧取」するこの方式は、まさしく「門付」勧進の体制化といわなければならない。」と指摘されている。網野善彦『中世東寺と東寺領荘園』二百一頁、東京大学出版会、一九七八年

（15）宮澤清人『中世荘園と検注』吉川弘文館、一九九六年

（16）前掲書（4）土佐国蠹簡集三七、一二三六頁

（17）前掲書（4）土佐国蠹簡集三八、一二三六～一二三七頁

（18）前掲書（4）土佐国蠹簡集四〇、一二三七頁

（19）前掲書（4）土佐国蠹簡集四一、一二三八頁

（20）前掲書（4）土佐国蠹簡集脱漏九三、九五一頁

（21）前掲書（4）土佐国蠹簡集脱漏九一、九五〇頁

（22）前掲書（4）土佐国蠹簡集脱漏九六、九五一～九五二頁

（23）前掲書（4）土佐国蠹簡集脱漏九八、九五二～九五三頁

（24）前掲書（4）土佐国蠹簡集五八、二四二～二四三頁

（25）前掲書（3）二二二頁～四八頁、

（26）この時期の一条家当主は一条経通であり、銘文の前関白太政大臣藤原朝臣は、経通であろうと推定される。暦応五年、経通は関白正二位で、正月五日に叙従一位となり二十六歳であり、同年の正月二十六日には関白を辞任している。しかし、経通は『公卿補任』暦応四年条に、「可列太政大臣上之由宣下」とはあるものの、太政大臣には任官していない。

（27）「玉英記抄」一二一頁（『増補続史料大成』十八巻、臨川書店、一九六七年）康永三年七月十八日条に「今日依相當円明寺禅閤御忌日、密々供養佛経、導師範縁法印説法優美、又刷行粧太不相応也、多年之間於此亭無仏事、聊依有所思故修之也、幡多荘令静謐者、自後年可為八講也」とある。

（28）野沢隆一「足摺岬金剛福寺蔵土佐一条氏位牌群」（『国学院雑誌』八七巻四号、一九八六年）

に金剛福寺代々別当十一人を記した位牌が紹介されている。この位牌は、一条房家の息で戦国期の金剛福寺院主・尊祐の手によるものと考えられ、尊祐は弘治年間（一五五五～一五五八）頃、記したものと推定される。

補論1　金剛福寺本尊千手観音立像胎内資料について

はじめに

平成十六年〜十八年にかけて高知県教育委員会文化財課の指導による金剛福寺本尊の木造千手観音像の解体修理が実施された。その結果、胎内銘や胎内文書、法華経などの経典類が多数確認されている。概要報告書により造像に勧進し、本尊の胎内に名字を籠め結縁した人々の姿や、それぞれの信仰について様々な事実が明らかとなった。修理報告書及び像内納入品概要報告書により当時の人々の信仰や勧進活動について考察したい。

第一節　胎内納入品、結縁書に見る人々の信仰

胎内納入品には、二二巻の写経巻子があり、開封した写経巻子の中には建武元年（一三三四）に書写された血書とみられる妙法蓮華経八巻があり、観音経、千手陀羅尼、光明真言を写経し毛髪を巻きこんでいるものや、南無阿弥陀仏の墨書も見られる。これらの納入品からは、金剛福寺千手観音菩薩に結縁した人々の滅罪と観音菩薩への結縁、現世利益と後生善処の願いと祈りが感じ取れる。

胎内納入品には、本尊左右玉眼押えに嵌入された結縁書紙片等一五点と胎内投入結縁書紙片一三点があり、本尊の千手観音菩薩に結縁した人々は墨書銘や像内納入品に名前の記された人物が僧俗六五名、そのうち俗人は四一名、男性一九名、女性二二名で、女性の結縁交名が多数を占める。俗人のうち庶民は二五名、有姓の者は男女一六名である。僧侶は二四名で一名が尼である。（表2参照）

土佐清水市 金剛福寺所蔵

（写真2）金剛福寺千手観音立像、全高175・8センチ（仏像と修理の概要より）[1]

表2　金剛福寺本尊千手観音像結縁者一覧（歴史民俗資料館研究紀要15号、像内納入品概要報告より作成）

<table>
<tr><th></th><th colspan="2">僧侶</th><th></th><th colspan="4">俗人</th></tr>
<tr><th></th><th>学侶</th><th></th><th>尼</th><th colspan="2">男</th><th colspan="2">女</th></tr>
<tr><th></th><th></th><th></th><th></th><th>有姓</th><th>庶民</th><th>有姓</th><th>庶民</th></tr>
<tr><td>本尊胎内墨書銘、像内納入品に記載された結縁交名</td><td>當院主権少僧都心慶、権院主大法師定慶、大法師慶有、タチマノ阿闍梨印慶（千手陀羅尼一千遍、生年六十八）、法橋増心、</td><td>覚圓、玉□坊頼心（南無大悲観世音菩薩）、心秀（生年三十九）、沙弥常圓、沙弥千鶴（花押）、せうふ坊、大夫坊成祐（三十七）覚圓坊、わかをほう、けうしん、道妙（七十四歳）、いんへん、ほうれんかいあ、こうしん、悲阿（針書）、ねんあ、いんこう、こいん</td><td>比丘尼某</td><td>前関白太政大臣藤原朝臣、村上直用（花押）、藤原家重（大施主）、藤原家為、献才丸、源宗定、源信康、源助□、藤一丸、松一丸、甲斐四郎左衛門尉源盛房（花押）、</td><td>ますい□、いわさう、しやうい、めいとくまろ、さかミ、三□良カ、こほうし、や□そう</td><td>常圓同女（大施主）藤原家重同女（大施主）、源同女大施主、源女於江女、大長臣女有若</td><td>けさくまめ、たいくまめ、同増有女、とよちよ、ちよつる、あこつる、おと、けさ九郎め、やま□め、わかめ、あやめの□、め、、ね、、あく里、こ、、うは、</td></tr>
<tr><td>数</td><td colspan="2">23</td><td>1</td><td>11</td><td>8</td><td>5</td><td>17</td></tr>
<tr><td>計</td><td colspan="3">24</td><td colspan="2">19</td><td colspan="2">22</td></tr>
<tr><td>総</td><td colspan="7">65</td></tr>
</table>

これらの僧俗老若男女が観音菩薩の加護と滅罪を祈り、諸願成就、後生善処を願って勧進に応じ本尊千手観音の落慶供養に結縁していたことが確認される。

第二節　結縁交名紙札について

金剛福寺本尊千手観音立像の解体修理の結果、像内納入品として、右玉眼の押えに折りたたみ差し挟まれていた結縁交名紙札が発見されている。紙札には、暦応五年二月十一日の日付の沙弥常圓同女大施主、藤原家重同女大施主等親類縁者一五名が交名し「心中此願皆令満足故也」と記されている。願文より一五名の関係について考察したい。

【史料20】金剛福寺本尊千手観音立造結縁交名紙札（2）

①沙弥常圓②同女大施主
③藤原家重④同女大施主
⑤藤原家為⑥同猷才丸
⑦比丘尼某⑧大法師慶有
⑨源宗定⑩同信康⑪源助遍（カ）
⑫同女大施主⑬同藤一丸⑭同
松一丸⑮源女於江女
心中此願皆令満足
故也
暦応五年（一三四二）〈壬午〉二月十一日
敬白

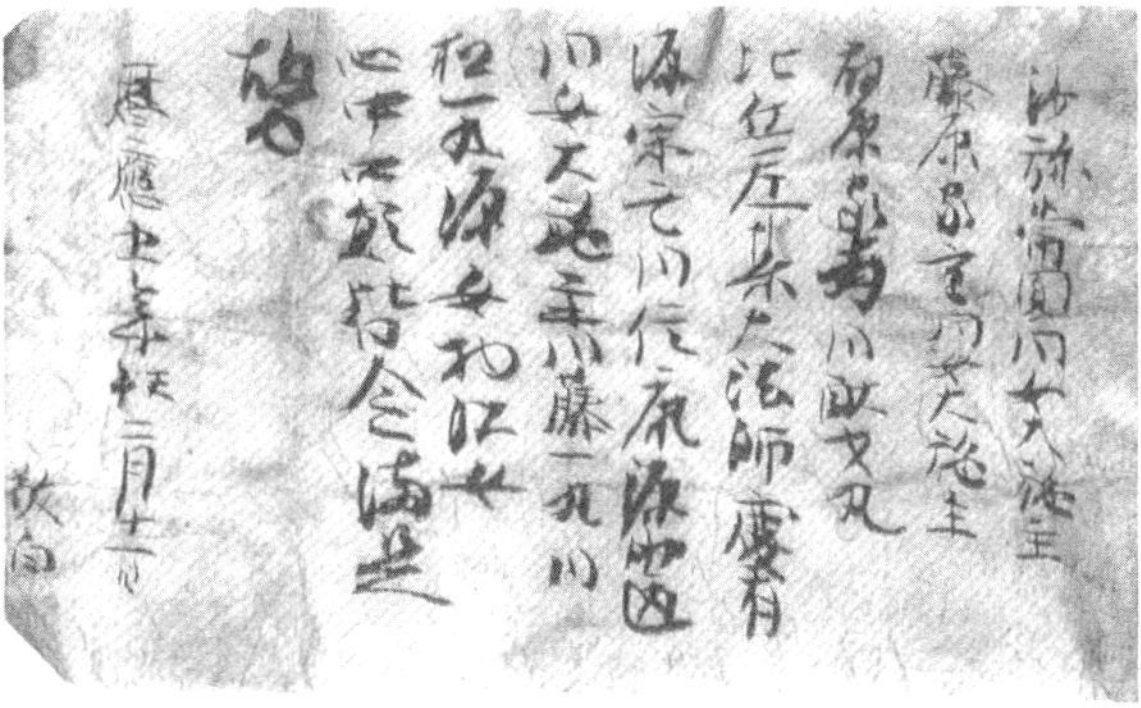

（写真3）結縁交名紙札（6・7センチ×12・2センチ）

交名の①～⑮の一五名（番号は筆者による）は在地領主の一族であろうと推定される。願文に記された一族は藤原姓（四名）、源姓（七名）の両姓があり、①の沙弥常圓は筆頭に記名されていることから藤原姓で入道した人物で②④⑧の人々（三名）もいずれも藤原姓の一族であろうと推察される。藤原、源の両者は姻戚関係が想定される。藤原姓の①、③、⑤は親子の可能性があり、一族中に⑧大法師慶有は大法師の僧位を持ち「慶」字の法名から金剛福寺の住僧の一人の可能性があるのではないだろうか。一五名中親子（父娘）と思われるものが①沙弥常圓と②同女、③藤原家重と④同女、⑪源助遍（カ）と⑫同女の三組である。また、兄弟と思われるものが⑬同（源）藤一丸と⑭同松一丸等である。親子（父娘）三組はいずれも大施主と記されており金剛福寺住僧と思われる慶有所縁の藤原姓、源姓の人々が金剛福寺本尊千手観音菩薩の造像のため施主として奉加し落慶供養に結縁しているのである。

第三節　僧侶の結縁交名について

本尊千手観音菩薩結縁者六五名のうち法名と推定し僧侶と判断される人物は二四名である。これらの僧侶のうち、

Ⅰ少僧都、大法師、阿闍梨、法橋等の僧位、僧官の地位にあるもの五名は学侶と思われる。

Ⅱ沙弥号の二名は入道し僧体ではあるがまだ正式の僧侶ではないので金剛福寺の住僧ではないと思われる。

Ⅲ坊号を持つもの五名は、修験者の場合も想定される。

Ⅳ阿号を持つもの三名は遊行の念仏聖であろうと思われる。

Ⅴ比丘尼一名は尼である。

Ⅵその他八名は法名から推察し僧侶であろうと思われる。

金剛福寺の住僧以外に修験者や遊行の念仏聖の中には金剛福寺に止住して地域を巡り金剛福寺の勧進活動にたずさわった者もあったと思われる。（第一節、表2参照）

ところで、本尊胎内資料で、本尊三道部（首部）の「南無阿弥陀仏」の墨書銘と像体躯部前部部材に記された「非阿」の針書に注目したい(3)。「非阿」はその法名から遊行の念仏聖と推定される。金剛福寺の再建事業と本尊千手観音菩薩の造像にあたっては、院主心慶と金剛福寺住僧たちが勧進活動の中心であったことは言うまでもないが、院主心慶の勧進の手足となり勧進活動を展開したのは金剛福寺に止住した修験者や遊行の勧進聖たちであったのではないだろうか。その中の一人と思われる針書で記された「非阿」の法名からは、観音菩薩に結縁した念仏聖の後生善処の切なる願いが感じ取れる。（写真4、写真5参照）

（写真4）「南無阿弥陀仏」像内三道部材

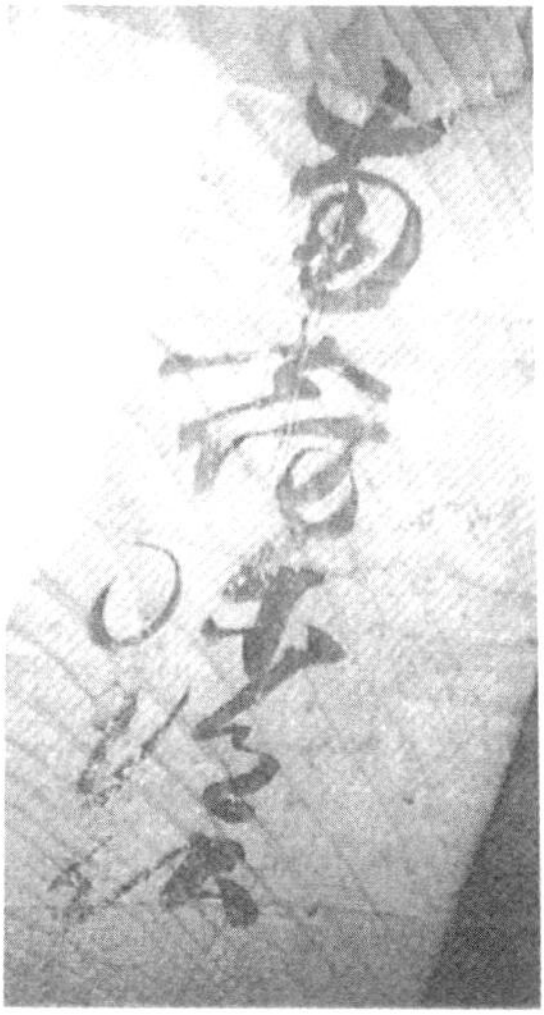

（写真5）「悲阿」像内体躯部前部材　針書

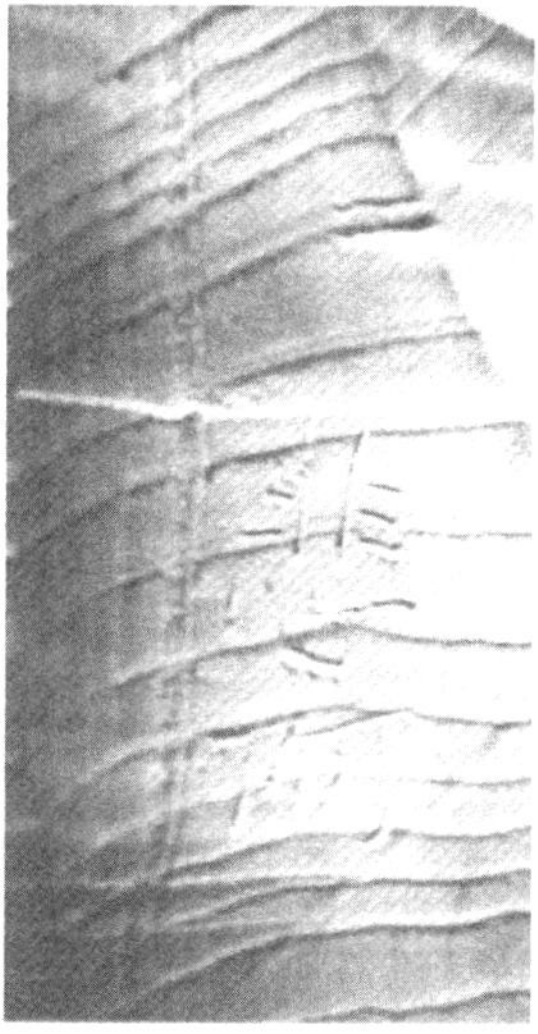

おわりに

本尊千手観音菩薩の胎内納入資料には法華経、観音経、千手陀羅尼、光明真言、阿弥陀名号等があり、現世利益と滅罪、後生善処等の祈りが感じ取れる。本尊には一条経通や心慶はじめ六五名の僧俗男女が結縁し、また結縁交名紙札には金剛福寺住僧と思われる大法師慶有所縁の藤原氏と源氏の僧俗男女一五名が大施主として結縁していた。

金剛福寺の修造と造仏には住侶以外に、修験者や遊行する念仏聖など多様な勧進聖によって勧進活動が展開された。その結果、俗人では本尊千手観音菩薩の女性の結縁者は半数を越える。

高野山をはじめ多くの霊場寺院が「女人禁制」であったのに比べ、金剛福寺は女性に開かれた観音霊場として、階層を問わず多くの女性たちの信仰を集めていたものと推察される。

註

（1）「土佐清水市四国霊場第３８番札所金剛福寺—木造千手観音立像修理報告及び像内納入品概要

報告」『高知県立歴史民俗資料館研究紀要第15号』四頁〜一二頁、二〇〇七年

（2）前掲書（1）四〇頁、四七頁、結縁交名紙札の法量については、同館学芸課長岡本桂典氏より御教示いただいた。

（3）前掲書（1）一二三頁、一二四頁

第三章　幡多荘船所と観音信仰

はじめに

金剛福寺は、千手観音菩薩の霊場として人々の信仰をあつめ、幡多の荘園領主一条家の祈願寺として一条家より足摺半島一円の外に四万十川下流域に、多くの寺領が寄進されていた。幡多荘本郷の香山寺は、四万十川下流域の右岸、中筋川との合流地点に位置し、金剛福寺院主の南仏が隠居して住持した寺院である。また、観音寺は四万十川支流の後川左岸にある金剛福寺末寺である。さらに飯積寺は大方郷田ノ浦の飯積山にありいずれも、十一面観音菩薩を本尊としている。これらの末寺は四万十川河口から太平洋を望む山頂付近にあって金剛福寺の寺領支配の拠点であり、末寺が一条家の年貢収納を請負い、僧侶が幡多荘船所職に補任され年貢の搬送を行っていた。また、観音菩薩に海上安全の祈願を行い観音信仰によって結ばれたネットワークにより四万十川下流域の水運を掌握していたと推察される。幡多荘船所と観音信仰および金剛福寺末寺の社会経済活動について考察したい。（第二章第三節、図3参照）

第一節　金剛福寺と船所職

1　本郷における香山寺の役割

香山寺は四万十川と中筋川の合流地点の右岸具重と坂本の中間にあり、山頂にある寺院は海抜二二一メートルあり、中筋川流域、四万十川の下流域を一望できる。開山は弘法大師と伝えられ、本尊は十一面観音、昔は七堂伽藍のある大寺であったと伝えられる。嘉禎三年（一二三七）当寺に田三町を寄進した十月十八日付法橋上人位某寄進状（金剛福寺文書）には次の記載が見られる。

【史料1】法橋某田地寄進状案写（1）

寄進

香山寺〈在土佐国《とさのくに》幡多《はた》御荘《みしょう》本郷《ほんごう》内〉領田参町事

在坪々等

小塚村《こつかむら》内大坪《おおつぼ》田壱町

早代《さよ》内長田《ながた》壱町

中津町《なかつちょう》田壱町

右、当寺者、観世音利生之道場、御庄中無双之霊地也、所学者、一乗円宗之教迹薫修惟舊、所祈者、天長地久之御願懇祈猶新、是十一面薩埵之利衆生也、継霊異於補陀洛山之生身、三十三現身之度群類也、施無畏於裟婆世界之我在、因茲豫参投歩之輩、併遂悉地之望、竭仰傾首之類、皆蒙空谷之應、四隣一国詎以不帰者乎、爰弟子宿内催嚢

縁、外資不図之外、為当庄之庄務、且奉為本家領家之御祈祷、且為今世後世之良福田、
以三町領田所寄進一寺伽藍也、倩案事情、三町水田者僅一旦之浮財也、不可偽出離解
脱之福田、三箇勤修者、永万代之行業也、豈成証果菩提之資粮乎、三箇勤行者、所謂
一者長日不退不動供養法、二者同長日観音経三十三巻読誦、三者長日仁王講経是也、
捧斯三種之勧修、擬彼三方之御祈、上奉祈天長地久之御願、中廻向本家領家之御祈請、
下資庄務預所並御庄安穏五穀成熟之祈祷、寄進之趣意如斯、然則芥城縦尽三町之免判、
不可有違乱、劫石縦磷万代之行業、不可有廃退、抑漢武帝之造四宝宮、徒隔菩提之栖、
新繆公之立三丘室、全非不退之家、彼皆有為之旅宿也、猶致煩於百姓之勤、是偏無上
之善縁也、貽功於一寺之勤、寄進子細誰不随喜乎、仍為備万代之亀鏡、其勤一証文、
奉寄進之状如件、
嘉禎三年〈歳次丁酉〉十月十八日　法橋上人位　花押

史料1は、香山寺領田の寄進状である。それによると、当寺は、観音の霊場であり、天台の教えを学び天長地久を十一面観音菩薩に祈願する所であるとされ、ここに弟子（法橋上人位某）は内には宿縁により外には図らずも当荘の荘務をなす、幡多荘の荘務と本家領家の祈祷のため三町の領田をもって寺伽藍を寄進するとしている。この寄進がおこなわれた嘉禎三年には幡多荘は九条道家の所領であり、香山寺に伽藍を建立し領田を寄進した法橋上人位某は、天台の僧侶で預所として九条家の幡多荘支配に関わっていた人物ではないだろうか。

香山寺では、不動供養法、観音経読誦、仁王講経読誦などの勤修により、天長地久、本家領家之御祈請、庄務預所並御庄安穏、五穀成熟などの祈祷が行われた。香山寺は幡多荘本郷にあって、荘園支配の安寧、五穀豊穣等を祈祷する本家・領家の祈願所として位置づけられていたものと推察される。

中世において神仏に祈雨や除災招福、五穀豊穣の祈祷を実施することは、寺院のはたすべき重要な役割であった。

金剛福寺中興の祖・南仏は、香山寺に隠居したとされるが、高徳の僧侶として知られ、降雨の祈祷に優れていたとの伝説が伝えられている(2)。香山寺山麓の坂本には後代、南仏堂が建立され、南仏の木像が安置されていた(3)。香山寺は本郷における金剛福寺の寺領支配の拠点として位置付けられるとともに、四万十川と中筋川が合流する河川交通の要衝にあり、社会経済的にも重要な役割を果たしていたのではないかと考えられる。

2　幡多荘の船所

荘園領主の下への年貢輸送は荘園経営の重要な課題であった。金剛福寺の社会経済活動と幡多荘の年貢京上について、船所職補任状（金剛福寺文書）により考えてみたい。

【史料2】某下文(4)

下　幡多本郷
定補船所職〈付横浜〉事
僧慶心
右於件職者、慶心重代相傳、于今無違乱云々、而給主得替刻、或有限得分令減少之、或就所職妨之、雖然於所職者當知行之上者勿論、得分事、任先例可被別宛于十三分之状如件、庄家宜承知勿違失、故以下
文永十二年三月　日　公文藤原（花押）
沙彌（花押）

史料2は文永十二年（一二七五）一条家の家政機関（預所カ）が幡多荘・本郷に通達した下文である。僧・慶心に「船所職」を「重代相伝し今に違乱無し」として安堵している。「しかるに給主得替の刻、或は有限の得分、これを減少せしめ、或は、所職について之を

妨ぐ」とあるので、給主＝預所の得替に伴って所職の見直しが行われた際に、船所職の得分が減少し、所職について問題ありとして改替されようとしたことがわかる。しかし、「当知行」＝相伝の原理が優位を占め、「船所職」の得分として、「先例に任せて輸送する財貨の三割」を運賃として支払うことを承認し、幡多荘の荘官等に通知したものである。

この文書が金剛福寺に伝来していることから、慶心は金剛福寺の末寺である本郷の香山寺の僧侶であろうと推定される。僧・慶心は、文永十二年以前より重代にわたり船所職として年貢の輸送を請負い、収取された年貢米を管理し、梶取や水主を使役し、直属の船を持って年貢の輸送にあたったものと考えられる。

3　中世船所の役割

船所は、元来、国家貢納物の京上や河川の渡船、国司等の移動のため国衙が設けた機関で、管国内の船舶、水主の徴発権を有していたと考えられる(5)。中世荘園に見られる船所は国衙の船所に準じて、荘園の年貢京上のため独自に輸送業務をおこなう機関として設けられたものと考えられる。荘園単位で船所が設置されていた例として、土佐国幡多荘以外に、淡路国の石清水八幡領鳥飼荘、讃岐国興福寺領神崎荘の船所を挙げることができる(6)。淡路国の石清水八幡領鳥飼荘の船所については、弘安元年(一二七八)の文書に「船所の沙汰は、領家管領、預所の沙汰なり」とあり、荘園領主である石清水八幡宮が船所を管轄し、預所が船所の職務を宛行っていたことがわかる(7)。讃岐国興福寺領神崎荘においては、建武二年(一三三五)の文書に、船所が田所、公文と並んで、荘官として位置づけられていた(8)。鳥飼荘や神崎荘の事例から判断すると、船所は預所の沙汰により、年貢を輸送する荘官として位置づけられていたものと推察される。このことから、金剛福寺は、四万十川下流域の水運を掌握し、年貢京上を請け負ったばかりでなく、四万十川、中筋川、後川等の河川交通や渡し等において重要な役割を果たしていたのではないかと推察される。

4　横浜の位置

次に鎌倉期における幡多荘の海上輸送の起点について考えてみたい。史料2には「付横浜事」の脇書きが見られる。この脇書きは、船所の職分として、慶心に四万十川下流域の横浜の支配を承認したものであろうと推察される。横浜は海岸部では一般的に使用される名称であるが、江戸期幕末頃の古地図(9)の、四万十川左岸河口付近の下田浦の青砂島付近に「ヨコハマ」の地名があり、この地点が船所職補任状に掲載された横浜ではないかと推定される。下田は、中世後期から近世にかけて、土佐国西部屈指の浦であり、近世には中村の外港として栄えるが、すでに鎌倉期より幡多荘船所の所管する場所であったと考えられる。（第二章第三節、図3参照）

5　中筋川水運と幡多荘船所

四万十川支流の中筋川は、四万十川の治水工事以前には、四万十市坂本付近で合流しており、流域沿いに東西に延びる中筋平野は、傾斜が少なく、ほとんど高低差が認められない(10)。中世においては、中筋川流域には、船戸とよばれる川港が諸々に設けられ、河川による水運が盛んであったと考えられる(11)。

【史料3】左大将一条内実家政所下文案写(12)（番号は筆者による）

（内実）
左大将家政所下　土佐國幡多庄官百姓等
可早任文永例、守支配旨、致沙汰蹉跎御崎金剛福寺、供養御奉加官米柒拾斛〈本斗〉事
①具同村拾斛②敷地村拾斛／③中村拾斛④平田村柒斛／⑤山田村柒斛⑥宿毛村柒

斛／⑦大方郷柒斛
⑧以南村陸斛／⑨磯河名壱斛弐斗　⑩江村弐斛参斗／⑪仁井田山参斛伍斗
右件御奉加官米、為臨時徴下任先例、今年中如員数無懈怠、可沙汰渡于院主快慶之
状、所仰如件、庄官百姓等宜承知、勿違失、故下
　正安二年十一月　日　案主左衛門尉中原花押
令前能登守安部朝臣花押　知家事木工助安部花押
別当散位源朝臣花押
民部大輔藤原朝臣花押

鎌倉期の幡多荘における、中筋川流域の社会経済的な重要性について、史料3から考察してみたい。

左大将家家政所下文は、金剛福寺への奉加官米七十石を幡多荘の十一の村々に割り当て

ており、①から⑪は、割り当てを命ぜられた村々である。（序章第一節、図2参照）これらの奉加官米の石高が、各村の生産高に応じて徴収されたものであると想定すると、その内の①具同村④平田村、⑤山田村、⑥宿毛村⑩江村、⑨磯河名等の中筋川流域および隣接の村々が全体の七十石の内、三十四石五斗の約五割弱を占め、中筋川流域が幡多荘の穀倉地帯であったと推定される。歴史的に見ても中筋川流域は古代以来開発が進められ、中筋川上流の平田は、県内において最古の五世紀前半に位置づけられる古墳も造営されている(13)。中筋川流域からの年貢米搬出において、中筋川と四万十川が合流する地点に位置する坂本は、水上交通の結節点であったと考えられる(14)。建武二年の心慶の新免次第（第二章第四節、4、史料17参照）の、南仏房領作分早代長田一町の脇書に、「但五段ハ坂本屋敷ニ替之」と見え、鎌倉期末頃には、香山寺山麓の坂本に屋敷地が形成されていたことが想定される。これらの点から年貢の集積と輸送の拠点である幡多荘船所は、坂本周辺にあった可能性が大きいものと推定される。（第二章第三節、図3参照）

6　船所の運賃と航海安全の祈祷

幡多荘船所の運賃は三割に定量化されているが、平安期に国衙が年貢等を輸送する場合、船賃および、梶取・水主の食料および功料や就航時、海上安全祈願のための船祭料や航海途上の祈祷料は、個々別々に支払われていた。しかし、鎌倉期後半には運賃は一括業者に支払われ、運賃の細目は殆ど不明となってきている(15)。また、運賃の地域差は、瀬戸内では京まで一割から三割が多く、北九州では四割前後が普通であった。水上運賃は、それぞれその地方で、一定した運賃が慣行としてあり、慣習法化・既定化して運賃の基準化が図られていたと考えられる(16)。幡多荘から京上する三割の運賃は、北九州と比較して距離的にほぼ妥当なものであったのではないだろうか。

次に、鎌倉期の海上輸送運賃の内訳について、紀伊国南部荘の事例により、比較検討したい。正嘉元年（一二五七）に高野山領南部荘から荘園領主である高野山・蓮華乗院に送上された年貢米三百石の送文（17）では、南部荘より紀伊湊までの年貢米送上の費用として、①一斗、御船祭、②四石、船賃、⑨三石九斗、水手十三人粮料一人別三斗宛、合計八石が、雑用すなわち運賃として三百石の年貢米から差し引かれている。綿貫友子氏は、「①の御船祭については、輸送に際して航行の安全祈願のため、神霊を船やそのひな型に移乗させ、遊幸させる神事である船祭が行われていること、②の船賃については、船が賃借されていること、③梶取の指揮下で操船の実労にあたる水手に粮料が給付されていることがわかる。」と指摘している（18）。南部荘の事例より推察すると、鎌倉後期には、運賃は一定割合に定額化していくが、雑用（運賃）の内訳から、その内容には①の御船祭料が含まれていたことが確認される。

7　船祭と観音信仰

運賃の内訳の考察で明らかなように、幡多荘船所の運賃にも、船祭料が含まれ、船出に際しては航海安全の祈祷が行われていたと考えられる。とりわけ天候に左右される海上輸送は、遭難の危険度が高く就航に際して安全祈願の船祭が行われたものと推察される。幡多荘船所の船祭の祭祀を考えると、中筋川と四万十川の合流地点に位置する香山寺の役割が注目される。海難に際し、神仏への祈願で、史料的に最も多いのは、観世音への祈願であり、観音経の読誦であるとされる(19)。香山寺の本尊は十一面観音菩薩であり、また、山麓の坂本には十一面観音菩薩を本地とする若一王子宮が祭祀されている。年貢米の収納や積み出しが坂本において行われていたとすると、幡多荘の年貢京上に際しての船祭の祈祷は、香山寺の僧侶が執りおこなっていたのではないかと推定される。船祭は、先述のとおり「航行の安全祈願のため、神霊を船やそのひな型に移乗させ、遊幸させる神事」であるとされるが、平成十八年、香山寺山麓の坂本遺跡の発掘調査により、十四世紀～十六世紀の香山寺・里坊と推定される寺院遺跡が発掘調査され、石段、石造り溝、基壇、瓦窯跡等の遺構や陶磁器等と共に、中世の船形木製品が出土している。船形木製品の時期については十五世紀~十六世紀と推定されるが、船祭において使用された可能性が大きいと推察されており、注目される。今後の研究課題であると考えられる（20）。

第二節　末寺観音寺の社会経済活動

観音寺は四万十川と後川との合流地点のやや上流、後川左岸にあり、石見寺山（海抜四一〇メートル）の南側の峰にある寺院で、十一面観音を本尊としている。

【史料4】某袖判宛行状案写（21）

袖判

宛行　本郷内中村観音寺事

大輔房心慶

右以人今年中者當寺田畠事、可被致其沙汰也、且於請折《ママ》者不可有懈怠之状如件

　永仁六年三月　日　平　花押

【史料5】定康奉書案写（22）

幡多庄中村内観音寺事、先年一同沙汰之時、被収公之雖被付預所々務、就相伝子細被歎申之間、所被返付也。早為院主職領掌之、有限之公事所當任先例不可懈怠、且又可被抽御祈祷忠之由、右馬権頭殿仰所候也、仍執達如件。

嘉元三年三月七日　右衛門尉定康

　謹上　大輔律師御房

史料4より永仁六年（一二九八）本郷内中村観音寺の田畠が金剛福寺院主の心慶に宛行われていたことが確認できる。さらに史料5は、嘉元元年（一三〇三）に実施された幡多荘全域にわたる大検注の際に、一旦は収公された観音寺の預所々務を、相伝の仔細を承認

して、金剛福寺院主（大輔房心慶）に返付し、先例に任せて年貢・公事を遅れることなく収め、一条家の祈祷寺としての役割を怠ることが無いようにとの右馬権頭殿（源則任）の仰せを、右衛門尉定康が奉じた嘉元三年（一三〇五）三月七日付の奉書である。永仁六年（一二九八）以前より、金剛福寺院主は観音寺田畠の預所々務を宛行われ、年貢の収取を請負っていたと推定される。それでは、金剛福寺院主に宛行われた観音寺の預所々務の内容はどのようであったのだろうか。次の無年号文書は、金剛福寺院主・心慶が、幡多荘・奉行人に進上した観音寺年貢の請文の案文と推定される。

【史料6】金剛福寺院主心慶披露状写（23）

去三月晦日御教書御申状、畏以下預候畢、抑観音寺御年貢間事元者、嘉元御検注以
後、刑部卿殿御奉行之御時、當寺安堵仕之刻、別納参拾貫文御年貢御定渡候之後、
壺殿・宮内大輔殿已御三代旬御定候天、春拾貫文、夏拾貫文、秋拾貫文、無懈怠令

究済候之処、今更罷預如此之御沙汰候之事、恐歎不少候哉、但於去年分者伍貫文未進候者、先年連々洪力損亡之上、殊更於此観音寺者、水損超過余村、無其隠候之間、不慮之外遅怠仕候者、忩々可令沙汰進之由、以請文令言上候、全不令致疎略候。以此旨可有御披露候、恐惶謹言

四月七日　　　権少僧都心慶

進上　御奉行所

史料6によると観音寺は、嘉元元年（一三〇三）の大検注以後、刑部卿殿（源則任）が奉行の時、観音寺村一帯の支配を任され、三十貫文で年貢を請負い、壺殿、宮内大輔殿（源清兼）と三代に渡り、春、夏、秋にそれぞれ十貫文ずつ貢納する契約で、滞りなく上納してきたが、今回、前年の年貢五貫文が未払いであったため、三月晦日に奉行よりの叱責と督促の書状を受け取っている。金剛福寺院主心慶は、昨年度の年貢五貫文の未払いが洪水に

よるものであり、観音寺の水損が、他村に比べ超過しているとして、年貢納入が遅れた事を弁明し、早々に沙汰するとの奉行宛の請文を送っている。この文書でも明らかなように金剛福寺は末寺の観音寺を介して観音寺村一帯の年貢収取を請負い、預所・荘官としての役割をはたしていたと考えられる。

第三節　観音信仰と末寺飯積寺の役割

1　飯積寺十一面観音像胎内銘文

大方郷にある海抜二二一メートルの飯積山頂に蓬莱山南覚院飯積寺がある。眼前に太平洋を臨み四万十川の河口までを眺望できる。本尊は優美な十一面観音像の等身仏で、古くから地域の人々の信仰を集めている。室町期以前の寺の記録が失われていたため、近年まで鎌倉期の飯積寺についてはその歴史が明らかでなかった。ところが平成五年、本尊の修復がおこなわれた際に、胎内より制作時の年号と製作者名を記した墨書銘が発見され、飯積寺創建の時期と役割を考える手がかりとなった。

【史料7】（飯積寺十一面観音像胎内銘(24)）（補論2、写真8参照）

観世　（梵字ア）　大願主梼ヵ橾ヵ房
南無十一面　（梵字ア）　飯積寺　正応四年七月廿日　敬白
音菩薩　（梵字ア）　大仏師法橋圓海

史料7によると正応四年（一二九二）七月二十日、大仏師法橋圓海によって飯積寺本尊として十一面観音像が造像されている。金剛福寺は、正応二年の前摂政家政所下文（第二章第二節、1、史料4参照）に見られるように、大方郷浦国名田ノ口に一町の供田を寄進されている。飯積寺の正確な創建の時期は明らかでないが、少なくとも本尊が制作された正応四年頃以前には創建されていたことは間違いないものと考えられる。金剛福寺は正応二年（一二八九）に鎌倉期二度目の回禄があり、飯積寺の十一面観音像が制作されたのは2期目の金剛福寺の勧進活動と造営中の時期であった。正応四年は、金剛福寺に異国降伏の祈祷が命ぜられていた年でもある。太平洋を望んで造立された飯積寺十一面観音菩薩像は、海上安全とともに、異国降伏の祈願もこめられていたのではないだろうか。飯積寺に十一面観音の等身像を造像した大仏師・法橋圓海は、幡多荘においては、ほかにも、造仏の記録を残しており、金剛福寺の修造にあたった仏師の一人である可能性も高いと考えられる(25)。『金剛福寺縁起』によれば、金剛福寺の第2期の修造は、院主快慶の時、内実の奉加により、正安二年（一三〇〇）十一月十五日に至って完成している。

2　四万十川水運と飯積寺の役割

幡多荘からの年貢京上の船は四万十川を下り、河口の横浜より沿岸に沿って海上輸送がおこなわれたものと推察される。本郷の香山寺と観音寺はいずれも四万十川下流域を一望に見下ろす位置にあり、大方郷の飯積寺境内からは海上と四万十川を航行する船を監視できる。金剛福寺は、このような香山寺、観音寺、飯積寺の三寺のネットワークによって四万十川下流域の水運を掌握していたものと考えられる。飯積寺は大方郷における金剛福寺の寺領支配の拠点としてだけでなく、四万十川下流域と沿岸部との船舶の航行を監視する役割を果たし、海上安全の祈祷や船所の年貢輸送等、金剛福寺の社会経済活動の一端を担っていたものと推察される。

おわりに

公私の祈祷や修造のため金剛福寺は一条家より多くの供田を寄進され、寺領内は万雑公事免除、殺生禁断、荘官・雑掌・甲乙人不入の地とされた。金剛福寺の寺領は、足摺半島以外に、幡多荘本郷の四万十川下流域や大方郷に及んでいる。幡多荘本郷の香山寺と観音寺および大方郷の飯積寺は、いずれも太平洋を望む山頂付近に位置し、十一面観音菩薩を本尊としており、これらの末寺は金剛福寺の寺領支配の拠点であるとともに観音菩薩の霊場であった。金剛福寺は、末寺が年貢の収納を請負い、また、僧侶が船所職に補任され年貢京上を請負うとともに、末寺のネットワークによって四万十川下流域の水運を掌握する等、金剛福寺の社会経済活動は一条家の荘園支配を支える重要な役割を果たしていた。中世幡多荘において、金剛福寺は有力な在地勢力であったと考えられる。

註

（1）土佐国蠹簡集五、『高知県史古代中世史料編』一二一頁、高知県、一九七七年
（2）橋田庫欣『とき連綿と―宿毛小史・宿毛の人々』、宿毛市教育委員会、二〇〇一年

（3）木造南仏上人坐像・像高81・7センチ、県指定文化財（昭和47年5月指定彫刻）・四万十市郷土博物館蔵

四万十市郷土博物館所蔵

（写真6）南仏上人坐像（像高81・7センチ）

（4）前掲書（1）土佐国古文叢五〇、九八八頁、

（5）新城常三「古代水運より中世水運へ」、『中世水運史の研究』、三頁、塙書房、一九九四年

（6）前掲書（5）「沿海荘園年貢輸送一般」三三頁

（7）淡路國鳥飼別宮雑掌地頭和與状写、『石清水文書之一』二二六、東京大学史料編纂所、一九六九年

（8）永島福太郎「讃岐神崎庄の伝領」『日本歴史』二九六号、一九七三年

（9）「参考資料①幡多郡下田浦図」『新収蔵古絵図展・描かれた土佐の浦々』四九頁、・高知県立歴史民俗資料館、二〇〇五年

（10）松田直則「古代から中世における中筋川流域の開発」『土佐史談』二一二号、一九九九年

（11）「舟戸遺跡」『中村宿毛道路埋蔵文化財発掘調査概報』高知県埋蔵文化財センター、一九九四年

（12）前掲書（1）土佐国蠹簡集三五、二三五頁

（13）山本哲也「四万十川流域における前期古墳の成立とその背景」『海南史学』三五号、一九九七年
（14）橋本和久「（3）中筋川流域の遺跡群」『中世西日本の流通と交通』高志書院、二〇〇四年
（15）恵良宏「荘園と水運（その二）北九州・遠賀川流域荘園を中心として」『宇部工業高等専門学校校外発表研究論文』一九七五
（16）前掲書（5）「五運賃の一定化」四六六頁
（17）『南部町史史料編』第2編文書史料二五四頁、南部町、一九九一年
（18）綿貫友子「南部荘をめぐる海運史料について」『中世探訪・紀伊国南部荘と高田土居―検注を拒否した人々』、和歌山中世荘園調査会編、二〇〇一年
（19）前掲書（5）「海難とその処理」七五五頁
（20）『「坂本遺跡」高知県文化財団埋蔵文化財センター発掘調査報告書第１０３集』、二三一頁、高知県文化財団、埋蔵文化財センター、高知県教育委員会、二〇〇八年、によると、「坂本遺跡」

は、宿毛、中村高規格道路建設に伴う埋蔵文化財の発掘調査により発掘された中世の寺院遺跡で、地籍図では「中ノ坊」とあり、香山寺の里坊の可能性が高い。『長宗我部地検帳』では坂本村はすべて金剛福寺の寺領、「足摺分」であり、船戸屋敷等の川港に関係した屋敷が見られる。発掘調査の結果、貿易陶磁器や瓦を焼成した窯跡、航海安全祈願を行ったと考えられる木製のミニチュア船が出土し注目された。船形木製品の形状と材質、年代については「舟形木製品W28は、残存長29・7センチ、高さ7・4センチ、幅9・6センチである。厚さは1・5センチ程で比較的肉厚である。複材の刳船舟で船首水押し部が差し込みとなっているが欠落している。船底中央部に帆柱穴が開く。船尾には梶が付くように穴が開いている。材質はシャシャンボである。周辺の遺物等から15C〜16Cのものと考えられる。」とされる。船形木製品の年代と性格と出土状況については、「通路状遺構から出土した舟形木製品W28は祭祀関連の可能性が強く、通路状遺構に直接伴うものではないと考えられる。出土遺物は、遺構から出土するものは少なく、ほとんど包含層出土遺物である。包含層は浅く、黒灰粘土層に中世の各時期のものが含まれていた。古いもので１３Ｃから１４Ｃの１６９０、１７０２、の青磁類が極僅かに出土した。１４Ｃ代では１７１１の瀬戸梅瓶、青磁の雷文帯のものが若干出土する程度である。最も多いのは１５Ｃ後半代のものである。」とされている。

（図４）坂本遺跡出土、船形木製品

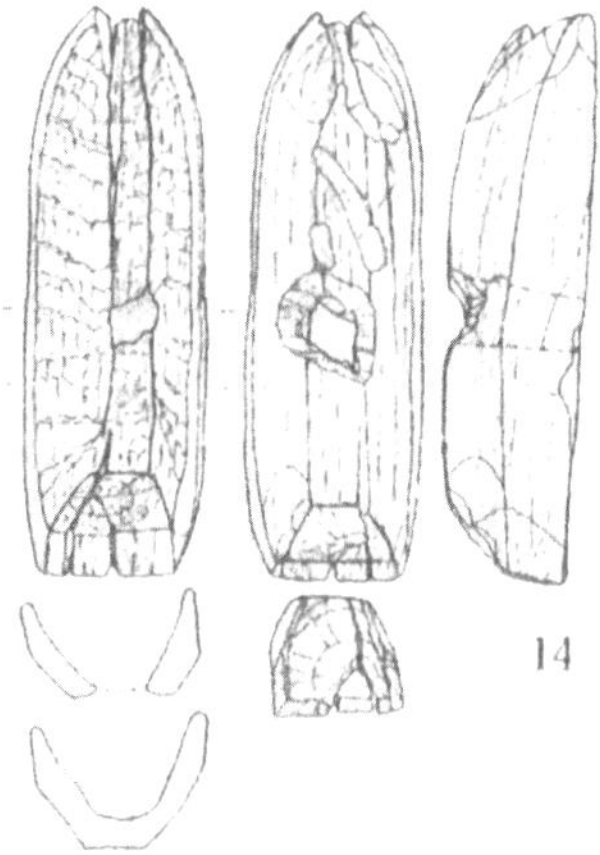

高知県埋蔵文化財センター所蔵

（21）前掲書（1）、土佐国蠧簡集三三、一五三頁、
（22）前掲書（1）、土佐国蠧簡集三九、一三七頁、
（23）前掲書（1）、土佐国蠧簡集脱漏九二、九五〇頁、
（24）『高知県社寺文化財総合調査報告書図版篇』一七〇頁、図四九四、高知県教育委員会、二〇〇四年
（25）「山横俗諺集」『南路志』3郡郷の部、〈下〉吾川・高岡・幡多、四五四、四五五頁、高知県立図書館、一九九一年

補論2　飯積寺《いづみじ》十一面観音像造像銘に見える仏師・圓海について

第一節　飯積寺《いづみじ》十一面観音像

飯積寺《いづみじ》は、弘法大師の開山と伝えられるものの、応永十八年（一四一一）正月十八日の鰐口銘文と永正九年（一五一二）の棟札以外には寺の由緒を知る史料がないため、室町期以前の歴史をさぐる手がかりはなかった。その理由は『南路志』に、「寺記曰、古へ観音堂林之内二寺有之節出火、古書等焼失。(1)」とあるように、過去の火災によって伝来の古文書が失われたためであった。ところが、平成五年（一九九三）に本尊の修復により制作時の年号（正応四年）と製作者名（仏師法橋圓海）を記した胎内造像銘が発見された結果、鎌倉期の歴史を探る貴重な史料が明らかとなったのである。

金剛福寺の二度目の回禄（火災）は正応二年（一二八九）であり、正応四年（一二九一）

の飯積寺《いづみじ》・十一面観音像の造像は、ちょうど金剛福寺の再建の途上の時期である。幡多荘からの船所による年貢京上のルートは、人と物の交流の道であり、同時にこのルートを逆にたどって、中央より物や人が移動したと考えられる。製作者の仏師・圓海は、法橋の僧綱位を名乗っており、中央の仏師であろうと考えられるが、金剛福寺の再建中であるという時期から考えると、圓海は、金剛福寺再建のために幡多荘へ下向し、大仏師として小仏師を率いて仏像の制作に関わったのではないかと推定することもできるのではないだろうか。

飯積寺《いづみじ》十一面観音像の作風は、穏やかな伝統的な作風であり、等身像の全体のバランスは破綻が無く、面相や衣文の彫技は洗練されているように見受けられる。(写真7　飯積寺《いづみじ》十一面観音菩薩立像、参照)

第二節　仏師圓海

ところで、仏師・圓海は、飯積寺《いづみじ》の十一面観音像以外に幡多荘にさらに一箇所、その足跡を残している。『南路志』所収の「山横俗諺集」は、江戸時代の山田村・横瀬村の庄屋、下村英通の著書であるが、当時は現存していた元瑠璃光山永達教寺本尊の薬師如来像の造像銘文を収録している。

永達教寺の由来については、「當寺昔歳中脇左京亮遠祖日向守惟宗忠康、正中元子年有草創、安置薬師尊像、為累代菩提寺、左京亮事終、寺為中絶、厥后寛永始、修験一轉院自身有再営、代々住矣。薬師佛躯裏書」とあり、永達教寺が、国人中脇氏の菩提寺で遠祖日向守惟宗忠康が正中元年（一三二四）に建立したものであること。中脇左京亮は長宗我部氏と運命をともにした結果、没落し、寺は廃寺となったが、寛文年間ころまでは本尊の薬師如来像は現存していたことがわかる。

【史料1】永達教寺薬師如来像銘文（2）

土州幡多庄山田村瑠璃光山永達教寺
本尊薬師瑠璃光如来、本願主日向守惟宗忠康女、大施主藤原女并御子孫男女為息災延命、増長福祐、衆病悉除、身神安楽、殊者本家領家宝祚、家静謐士民安穏也。沼長□右造立意趣、懇丹如件。
　　仏師　法橋圓海
元亨四年二月十日本願主日向守惟宗忠康
　　女施主藤原女敬白

元亨四年（一三二四）は十二月に正中元年に改元される。鎌倉末期、後醍醐天皇の治世となり、九月には正中の変が勃発するなど不穏な社会情勢が続いていたと考えられる。

願文は、本人と一族の健康と長寿、幸福を願い、さらに人々の無病息災、家と領民の生活の安穏、社会の静謐や荘園領主一条家の繁栄などを祈願しており、山田村の在地領主、惟宗忠康の娘と妻であろう藤原女の二人の女性の願いが込められている。仏師・圓海は、求めに応じて本尊薬師瑠璃光如来像を、心を込めて造像しているのである。

この薬師如来像の制作は、圓海が飯積寺《いづみじ》十一面観音像を正応四年（一二九一）に制作してから三十三年後のことであり、正応四年に圓海は三十歳代の壮年であったとすると、このころは六十歳代の老年を迎えていたと考えられる。圓海の僧綱位は以前と変らず法橋のままであり、圓海は中央において評価され僧綱位の昇任に結びつくような造仏活動を展開する機会に恵まれなかったのではないだろうか。永達教寺薬師如来像は、作品を実見することができないため、飯積寺《いづみじ》十一面観音像と作風を比較することはできないが、歳月を経て、圓海の彫技はさらに熟達し、優美な薬師如来像であったのではないかと思われる。

『日本仏像史』は、鎌倉期の半ば以降、慶派、院派、円派、の三大流派がさらに細分化し、仏教の大衆化が進み、高まる仏像に対する需要に応じた中央仏師の地方進出を指摘している(3)。鎌倉後期以降、中央から地方に進出した仏師たちは、在地の人々の願いや求めに応じて村々の寺庵の仏像を造像したものと考えられる。その結果、地方の寺院にこの時期の仏師たちの手による多くの仏像が残されている。圓海の仏師としての系譜は全く不明であるが仏師・圓海の幡多荘における足跡は、鎌倉期半ば以降の中央の仏師の地方への進出の一つの事例を示しているのではないかと思われる。

註

(1)『南路志』3郡郷の部(下)三七五頁、高知県立図書館、一九九一年

(2)前掲書(1)四五四頁〜四五五頁

(3)「鎌倉後期の院派と円派」、『日本仏像史』一四二頁、美術出版社、二〇〇一年

（写真7）飯積《いづみい》寺十一面観音菩薩立像（像高170・0センチ）

（修復後）

黒潮町 飯積寺所蔵

（写真8）飯積寺十一面観音立像胎内銘文、『高知県社寺文化財総合調査報告書、図版編』七〇頁、高知県教育委員会、二〇〇四年より転載

（面相部）

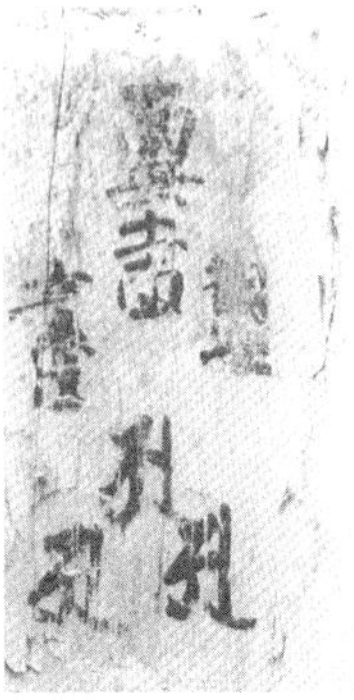

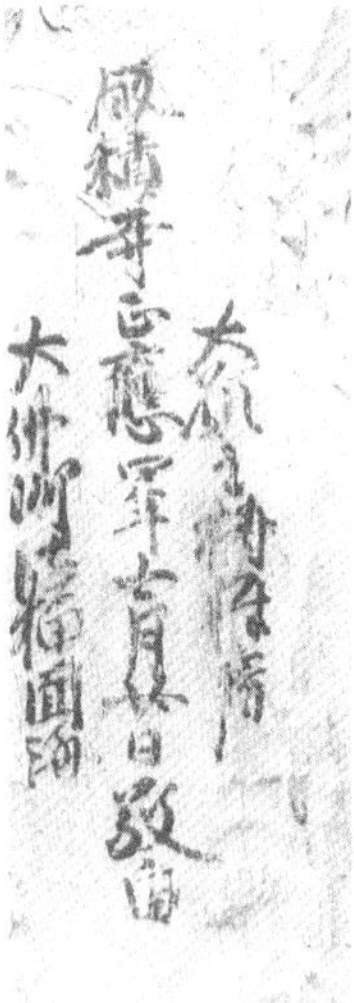

（体内墨書銘・頭頂部）

（体内墨書銘・体幹部）

第二部　寺社資料に見る国人の動向と信仰

第一章　中世の大方郷と国人入野氏

はじめに

大方郷は、幡多荘のうち東部の現在の黒潮町に相当する地域で、鎌倉期末に一条家より東福寺に寄進された。戦国期には前関白の教房が土佐に下向し幡多荘に在荘して直務支配をおこなった。

本章では、『東福寺文書』、『大乗院寺社雑事記』等の史料のほか、地域の寺院や神社に残された「飯積寺鰐口銘文」、「加茂八幡宮蔵獅子頭銘文」、「長泉寺千手観音菩薩立像」等の資料により鎌倉期から戦国期に至る大方郷の在地領主藤原姓入野氏の盛衰を辿ることにより地域社会の形成の過程について考察したい。

第一節　東福寺領土佐国幡多荘大方郷について

1　大方郷の東福寺寄進について

鎌倉期末、幡多荘の内、大方郷は、一条家より菩提寺である京都の東福寺に寄進され、東福寺によって支配された。その時期については東福寺文書（三九八）東福寺領諸荘園文書目録に次の史料が見られる。

【史料1】東福寺領諸荘園文書目録(1)

一、土佐国大方事
一通　正　一条殿御寄進状　元応二年（一三二〇）三月十一日
一通　正　重御寄進状　康永二年（一三四三）十月廿七日
四通　正　同御教書　可有検注由事

東福寺は九条道家により、天台、真言、禅各宗兼学の寺院として嘉禎二年（一二三六）から建長七年（一二五五）まで十九年をかけて完成されたが、元応元年（一三一九）、建武元年（一三三四）、延元元年（一三三六）と、鎌倉期末から、南北朝期の相次ぐ回禄により大部分の建物が焼失している。

東福寺への幡多荘大方郷の寄進の時期は、東福寺の回禄の時期と重なっており、東福寺の修造のための寺領の寄進であったと推定される。

元応二年（一三二〇）の寄進時の一条家当主は内経であり、正中二年（一三二五）に死亡している。跡継ぎの経通は文保元年（一三一七）生れで七歳で跡目をついでいる。南北朝期には、一条家も決して安穏ではなかった。この時期、経通の嫡男内嗣は尊卑分脈に「依父不和出奔参南朝出家」との記載があるように、一条家も南北朝の動乱と対立の渦中にあった。そのような中で一条家当主経通は、康永二年（一三四三）改めて東福寺再建のため、幡多荘大方郷を東福寺に寄進している。

2　東福寺の大方郷支配

経通は、康永三年（一三四四）の日記『玉英記抄』七月十八日条に、円明寺禅閤（実経）の忌日の仏事に際して「幡多庄令静謐者、自後年為八講也」と記している。この時期の幡多荘が静謐で荘園支配も比較的順調に行われていたものと推察される。

一条家の菩提寺、京都東福寺の再建は二十余年を経て、貞和元年（一三四六）一条経通によって仏殿の上棟が行われた。金剛福寺の3期の修造が完成したと推定される暦応五年より四年後のことである。

東福寺に寄進された幡多荘大方郷は当時どのように経営されていたのだろうか。東福寺文書と飯積寺鰐口銘文等により考察したい。

【史料2】東福寺領土佐大方郷年貢送文（2）

東福寺領土佐大方郷年貢送文

（端裏書）

「銭未取」

送進　大方郷貞和四年御年貢用途之事

合拾貫文三貫文

右御年貢用途者佐賀村商人以六郎衛門送進処也、到来之時者、御慥請取候て、御請取

可下給候、仍送文如件、

貞和五年六月十五日　　公文家忠（花押）

下司道悦（花押）

謹上　東福寺納所禅師御寮　預所　宥意（花押）

史料2は大方郷の年貢貞和四年（一三四九）分を東福寺の納所宛に送進した送り状である。文面によると、佐賀村の商人六郎衛門に委託し、貞和五年（一三五〇）六月十五日付で年貢十貫文を送ったものである。東福寺納所では送り状の端裏にまだ銭を受け取っていないとのメモ書きをしているが、これは、大方郷からの銭の到着より先に年貢送文が到着したものであろう。年貢は銭で十貫文、合わせて十貫文三貫文とあるのは、三貫文は幡多荘船所が年貢を送進した際と同様の三分の割合で六郎衛門に運賃として支払われたものと推察される。送り文奥書には預所宥意、下司道悦、公文家忠の三名が奥書署判している。

預所宥意は大方郷の直務支配のため、東福寺から現地へ派遣されてきた僧侶ではないかと推定される。

ところで預所宥意の所在としては寺院が想定される。それはどこだろうか。大方郷のほぼ中央、加持の小丘に泉福寺跡がある。（図5参照）近世にはすでに廃寺となり退転しているが、『南路志』によると永正山十六院泉福寺の条に「当寺往古は京都東福寺の末寺二而、東福寺開山聖一国師ヲ初三代之位牌有之。」とあるので、東福寺の大方郷支配の拠点は、現在は廃寺となっている加持の泉福寺であった可能性が大きいと考えられる。

次に幡多荘大方郷の在地荘官としての下司道悦の名前は法名と思われる。東福寺領となる以前の鎌倉期に一条家より金剛福寺供田一町が寄進され、寺領大方郷浦国名田ノ口のある大方郷西部の田ノ浦付近は、正応四年の造像銘文を持つ十一面観音菩薩を本尊とする飯積寺があり金剛福寺の寺領支配の拠点であったと推定される。大方郷が東福寺領となっても、飯積寺が引き続き荘官の役割を果たしたとすれば、下司道悦は金剛福寺末寺、飯積寺の僧侶の可能性が考えられる。

次に公文家忠については後に検討するが、「家」を通字とする在地領主・入野氏の系譜につながる人物ではないかと推察される。

3　東福寺再建と諸役免除

公卿補任によれば経通は貞治四年（一三六五）三月十日に四十九歳で薨とあり、経通の次男房経も貞治五年十二月二十七日に十九歳で薨とある。そのため一条家は二条良基の男経嗣を養子として一条家を継がせている。その後の東福寺再建の進捗状況と大方郷について次の史料から見てみよう。

【史料3】弁官下文(3)

左弁官下　土佐国

応因准傍例、免除伊勢太神宮役夫工米・日食米・造内裏・御禊・大嘗会以下勅役・院役、并都鄙寺社役、及国中段米・関米、凡恒例臨時台役、永為東福寺領当国大方郷事

右得彼等住持比丘玄柔去三月日奏状偁、比丘玄柔謹考案内、当寺者去嘉禎年中、

四条院御宇、光明峰寺禅定殿下任勅許、奉請聖一国師以来、鎮奉祈四海安全寺院也、然早蒙天恩、被成下官符宣、被停止伊勢太神宮役夫工米、并勅院事、国役、諸社神人・国司・守護使入部・甲乙人乱入、為未来不易之寺領、且遂造営大功、弥令紹隆仏法、増欲奉祈天下安全武運長久者、権中納言藤原朝臣俊任宣、奉勅依請、国宣承知欲宣行之、

嘉慶二年五月廿五日（一三八八）　　大史　小槻宿祢（花押）

権中弁　藤原朝臣（花押）

史料3によると、官宣旨が下され、東福寺住持比丘玄柔（剛中）の去三月日奏状により、東福寺の造営が完成するまで、大方郷への伊勢太神宮役夫工米以下の国役、段米等すべての諸役を免除するとしている。また、国司、守護使の入部を停止し、甲乙人の乱入を停止するとある。権中納言藤原俊任朝臣（坊城俊任）が宣し、大史小槻宿祢（兼治）と権中弁

藤原朝臣（町資藤）が署判し、土佐国衙に発給されている。同様の官宣旨が、東福寺の荘園の存在する加賀、因幡、備中、淡路、出雲、山城、武蔵、石見、周防の諸国に向けて発給されている。大方郷は、東福寺の経済を支える一〇ケ国の所領の一つであった。剛中玄柔は、嘉慶元年（一三八七）に幕府の命により東福寺の住持に就任し、東福寺の塔頭即宗院を同年（一三八七）に開基創建した人物であるが、翌年五月二十七日には示寂している。東福寺三門が応永三十二年（一四二五）に足利義持によって再建されているところをみると、東福寺の再建は、まだまだ途上であり、そのために、大方郷をはじめ、東福寺領荘園に対するこのような優遇措置がとられ、東福寺への年貢増収が計られたのではないだろうか。しかし役夫工米がすべて免除されたのではないことが次の史料からうかがえる。

【史料４】外宮役夫工米段銭納申状（4）

納申　外宮役夫工米段銭事、

合佰貫文者、
右、為東福寺領之沙汰所納申状如件
永享元年（一四二九）十一月三日　将運（花押）

史料4は時代は下がるが、東福寺が所領全体の外宮役夫工米段銭を京都においてまとめて直接支払い、伊勢神宮より請取状を受け取ったもので、同様の請取状が長禄四年（一四六〇）、寛正二年（一四六一）に見られる。東福寺領荘園の役夫工米はこのような形で一括して処理されていたものと推定される。

4　大方郷の開発と公文家忠について

大方町（現在、佐賀町と合併し黒潮町）の地形は急峻で、北の山地から流れる六つの小河川（東から伊田川、有井川、蜷川、湊川、加持川、蠣瀬川）が太平洋に注いでいる。耕作地は谷筋のわずかな平地と蠣瀬川と加持川の間の海岸線に広がる入野周辺の低地からなる。（図5―大方町文化財調査地参照）中世にはこの谷筋にそって農地が開発されたものと推察され、低湿地であった入野は開発が遅れ中世後半から近世に至ったものと推定される。入野は中世末から近世には入野郷として大方町の中心となる村落が形成されている。（図6―大方町入野地籍図のほのぎ分布参照）

公文・家忠の大方郷における本拠地を推定する手がかりとして、大方町大字伊田字小畑の五輪塔群が挙げられる。大方町の金石史料調査報告書(5)には「字、「小畑」竹林の中に総数十四基の五輪塔（地輪を欠くもの三基）が円形に並んでいる。火輪の軒は垂直。地輪は方形等より江戸期以前のものと思われる。」付記として京都東福寺古文書中、字「小畑」より一谷北の台地「トノナロ」に公文藤原家忠住すとあり「小畑」はその菩提寺跡ではないかといわれている。」と述べられており、五輪塔はその形態から中世のものと推定される。これらの石塔と伝承から公文家忠は大方郷の東部に位置する伊田に本拠地があったと推定される。

当時の大方郷は『大方町史』が「鎌倉初期には入野はまだ大潟で、沖から押し寄せる五百年来の風波によって、現在の入野松原一帯に小高い砂洲ができ、それによって潟が内と外に分かれていたと思われる。そして加持川や柳の川（加持川支流）、牡蠣瀬川や湊川の運ぶ土砂で内側の潟がだんだん浅くなり、潟の周囲には水郷を想わせるような葦の群生ができていた事が想像される。そこで（中略）まず加持川沿いに堤防を築き、潟の浅い所から順次埋め立てを始めたのである。この干拓工事を続ける事によって、東は小川・中井・早崎、西は田ノ口・芝・本村の低湿地が次々に美田になり、そのうちに、海中の砂洲が砂丘となり、その上に自然生の松が生長して松原ができ、潮風の害を防ぐようになった。(6)」と指摘するように、入野周辺は鎌倉期には低湿地で未開拓の荒野であったと推定される。家忠は公文職を持つ荘官として地域の開発に尽力し、しだいに在地領主としての勢力を拡大していったと思われる。

発が進んだ室町期にはいってからの事ではないかと考えられる。

5　飯積寺鰐口銘文に見える藤原家重と道祐

公文職を継承する藤原氏がその本拠地を入野に移し、入野氏を称したのは、大方郷の開

【史料5】幡多郡入野郷飯積寺鰐口銘文(7)

奉施入〈飯積寺鰐口大旦那藤原家重施主道祐応永十八年正月十八日〉

史料5は応永十八年（一四一一）の正月十八日に大檀那藤原家重、施主道祐が寄進した飯積寺鰐口の銘文である。

貞和五年（一三五〇）よりは六十余年経過しているが東福寺の大方郷の荘園支配が続く中で、この銘文の藤原家重は、「家」を通字とする公文家忠の系譜を継ぐ人物ではないか

と推定される。

応永期にいたって藤原家重は飯積寺の大旦那であり、大方郷西部にまで勢力範囲を広げ、大檀那として金剛福寺末寺である飯積寺を支配下に置いていたのではないだろうか。施主道祐は、飯積寺の僧侶であろうと推定される。東福寺領土佐大方郷年貢送文署判の下司道悦の下司職を継承する人物ではないだろうか。

（図５）大方町文化財調査地

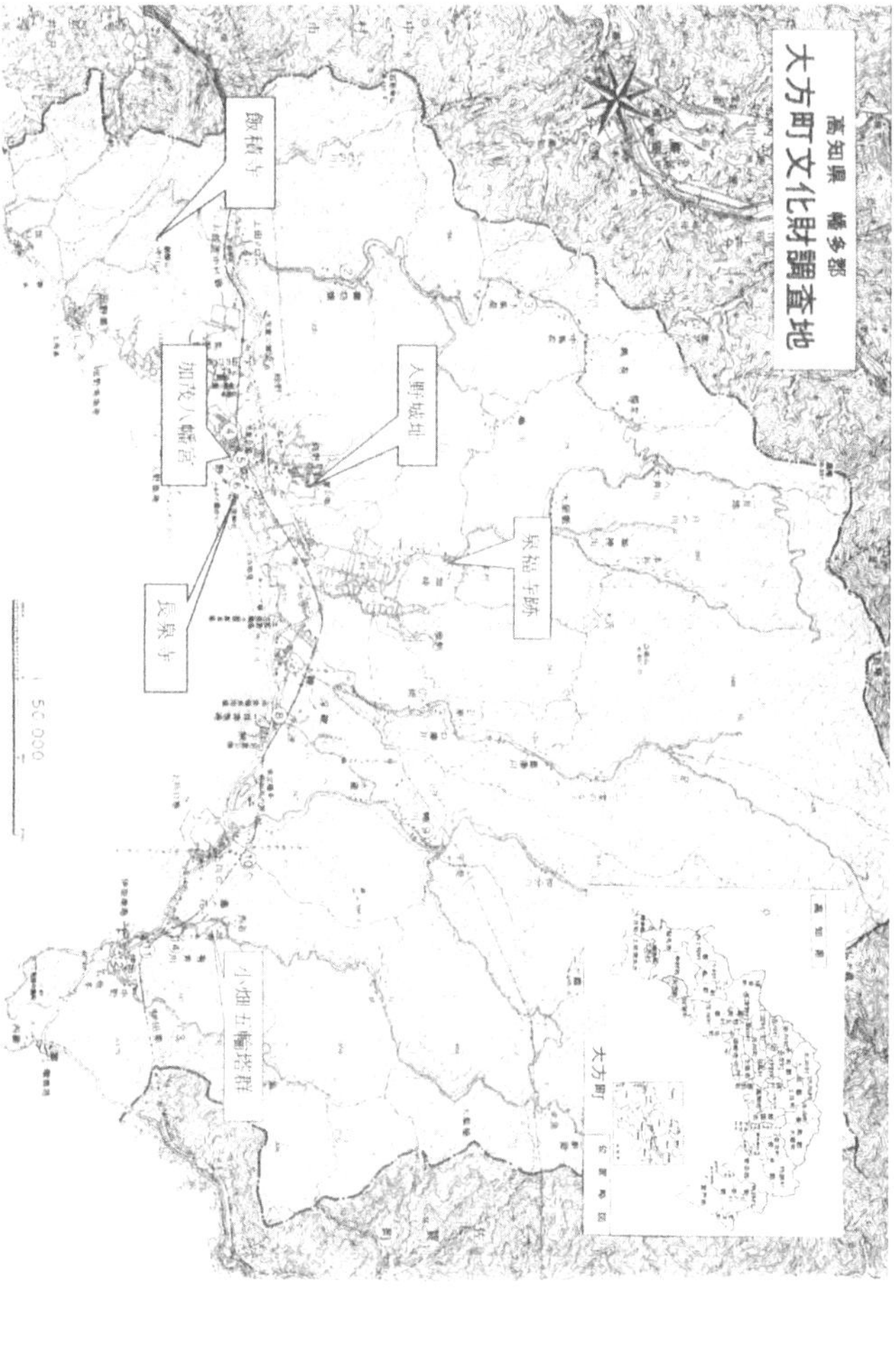

第二節　一条教房の土佐下向と入野氏

1　一条教房の幡多荘直務支配

前関白一条教房は応仁二年（一四六八）土佐へ下向する。応仁の乱前後より地方の一条家の荘園が守護・守護代やその被官らに押領され、また、乱後の混乱により年貢の京進も滞る中で、当時一条家領の荘園一四の内、当知行はわずか四荘となり遠国ではあるが当知行を維持していた土佐国幡多荘の在荘直務支配を目指してのことであった(8)。応仁二年九月二十五日、泉州堺より高岡の国人大平氏の持ち船で夫人や近臣の諸大夫、随身の侍、僧侶等を伴い、土佐へ下向した。大平氏は守護細川氏の被官で、応仁の乱当時も在京しており、土佐守護代あるいは又代を務めていたと推定されている。大平氏は、教房夫人（冷泉氏女）と大平氏の女房が縁者であるという事もあって、大平氏の全面的な協力を得て土佐へ下向し、幡多荘の直務支配を開始している(9)。この時期の大方郷について『大乗院寺社雑寺記』の記述により見てみたい。

2　国衆への官途斡旋

幡多荘直務支配を開始した教房にとって、在地領主である国衆の協力が不可欠であった。入野氏は『大乗院寺社雑事記』に幡多荘の有力国人の一人として登場する。

【史料6】文明元年八月十一日条（10）

文明元年八月十一日条

（中略）

一、土佐より御音信下山事自伊予国押領、色々御計略如元御知行云々、中村闕分事御知行云々、

五月七日御書今日到来、勧進聖御事伝也

官途所望折紙被下之、
申　伊予守右近将監惟宗朝臣長忠
申　市正下野介藤原朝臣家則
申　隼人正右衛門尉藤原朝臣武平
応仁三年四月付所望云々、

勧進聖によって尋尊に届けられた教房の手紙には、伊予国に押領されていた下山（現在の四万十市西土佐）や中村の知行の回復が報告されているが、教房の知行回復のための「色々御計略」とはどのような方策であったのだろう。

教房は尋尊に、応仁三年四月付けで三名の国人への官途斡旋を依頼している。

そのうち、二番目の「藤原家則」は、後述する入野氏である。市正は正六位上の京官で京の東西の市に各一人置かれ、職掌は売買の禁察を掌る役職である。下野介は従六位上相当であるので市正への任官は従六位上から正六位上へ官位の上昇が図られていることになる（11）。後には官途は自称され有名無実化してゆくが、当時においては、官人の地位と身分を得る事は武士としてのステイタス、資格・要件であり、一条家を通じて直接官途を斡旋してもらう事は地方の国人達にとって魅力的なことであっただろう。教房の方策の一つは、直務支配に協力的な国衆への官途斡旋による懐柔策であった。

3　籠名について

ところがこのような官途斡旋にもかかわらず翌年には入野氏について次の記事が見られる。

【史料7】文明二年八月四日条（12）

文明二年八月四日条

土佐御所願書到来、遣御師方、其趣ハ幡多庄内大概雖無為之儀、大方郷内入野大和守藤原家元、同息子市正藤原家則不応下知、仍以彼名字被籠春日社頭、存不忠之意者、可被加神罰之旨、可有御祈念、神威令帰伏者、当年両社神馬各一匹可被進之者、

卯月十九日、従一位藤原御名敬白

幡多荘の在荘支配をおこなっている教房より六月十九日付けで尋尊に「大方郷の国人入野家元と息子の家則が下知に従わないので、もし不忠の心があるなら春日社の社頭に二人の名前を籠めて神罰を下してほしい。もし願いがかなえば両社に神馬二匹を献納する」との依頼である。下知の内容は不明であるがおそらく年貢等の上納に関する事ではないだろうか。

「名を籠める」とはその人の名字を書いてそれを春日社の神仏の宝前に籠め、呪詛することであった。神仏に敵対する者には神仏の力によって罰を及ぼそうとするものであった。

名を籠められると、その当人の身に悪病や狂気、そして死などの災いが降りかかってくるものと考えられていた。

大和国興福寺ではこのような「籠名」が武力発動をしても、なかなか押さえつけることが困難な相手に対してしばしば行われている(13)。

教房は、直務支配にあたり、なかなか下知に従わぬ国人に対して、氏神春日大社の神罰を下すという宗教的な手段を用いているのである。藤原氏の末葉でもある入野氏にとっては相当な精神的重圧であったと想像される。この結果については、『大乗院寺社雑事記』の次の記事より明らかである。

【史料8】文明三年十月五日条(14)

文明三年十月五日条

九月一日御書自土佐到着、（中略）入野之事応御下知云々、到来在之者早々春日へ

可被進云々、珍重々々、

【史料9】文明三年十二月二十八日条(15)

文明三年十二月二十八日条

自土佐御所神馬代二百疋到来、今日則遣御師方、請取進之、

九月一日の教房からの書状では入野父子が下知に応じたため、春日社に籠名の謝礼として神馬代として二百疋(銭二千文)を尋尊に送っている事がわかる。在地領主として勢力を拡大していた入野氏は一条家の支配に抵抗をしめしているが、結局はその下知に従っているのである。

第三節　寺社資料にみる入野氏

1　長泉寺千手観音菩薩像について

次に入野氏の信仰について考えてみたい。入野氏の菩提寺であった長泉寺は現在、入野本村から松原に移転しているが臨済宗妙心寺派の寺で夢窓国師開山と伝えられている。本尊は千手観音である。その後の廃寺などにより、現在は本尊を始め数体の仏像を伝えるのみとなっている。

（写真9）長泉寺木造千手観音像（像高111センチ）

黒潮町 長泉寺所蔵

池田真澄氏によると「本尊は木像千手観音立像で洪水（津波）のために合掌手と宝鉢手のみを残してあとはすべてを失っている。桧材、寄木造、玉眼、漆箔、像高一一一・〇センチ（中略）亡失部があまりに多くて容姿をそこねてはいるが鎌倉末のよくまとまった作である。[16]」と指摘されている。長泉寺の本尊千手観音菩薩像は、現状はかなり破損してはいるが、国人入野氏の観音信仰を今日に伝えている。

入野本村のかつての長泉寺は『長宗我部地検帳』に記載されており、それは地籍図の八幡ヤシキの付近であったと推定される。（第四節、図6参照）

【史料10】幡多郡入野大方之郷地検帳[17]

同し（八幡ヤシキ）ノ西長泉寺寺中前壱反四十五代地真光院リヨウ跡共

一ゝ（所）壱段弐拾七代　中ヤシキ　寺中

長泉寺分

同し堂床　　同し
一〆弐拾代　　堂床
同しノ南寺中前壱反四十五代地ノ内　　寺中
一〆壱拾五代三分　中ヤシキ　　同し（長泉寺分）
同しノ南　　長泉寺持
一〆拾五代〈出弐代・中ヤシキ〉　　大知院庵分
大定院寺中ヤシキ　　主居
一〆弐拾代〈出壱代・下ヤシキ〉　　大定院分
同しノ南大定院ソハ
一〆拾代　下々ヤシキ　　長泉寺分
同しノ下寺中　　寺中　主居
一〆参拾代〈出十七代三分・中ヤシキ〉　　多福庵分

史料10より入野氏の没落後も長泉寺とその塔頭が確認できる。長泉寺について、『大方町史』によると「入野氏は入野城に本拠を移し、大方山の麓にあった加茂神社を八幡原の八幡宮と相殿にして松原（現社殿）に移すとともに、この加茂神社の跡地に長泉寺を造営したのである。（中略）地検帳に見る長泉寺は、堂床の面積は二〇代となっているので相当大きな建物である。そのほか脇坊の大知院、大定院、多福院の寺中を合わせて四反八代の広い寺域が与えられている。(18)」とあり、本拠地の近くに菩提寺として長泉寺を建立している。入野氏がこのころより入野を拠点に大方郷を支配する在地領主として勢力を拡大し自立性を強めている事がうかがえる。

2　加茂八幡宮蔵獅子頭銘文に見える藤原家正

延喜式幡多三社の一つである加茂社については、もと入野本村の加茂屋敷にあり、また八幡宮はもと早崎の八幡原にあったとされ、現在は二座が合わされて松原に建立されている。加茂八幡宮についても入野氏の造営によるものとされている。

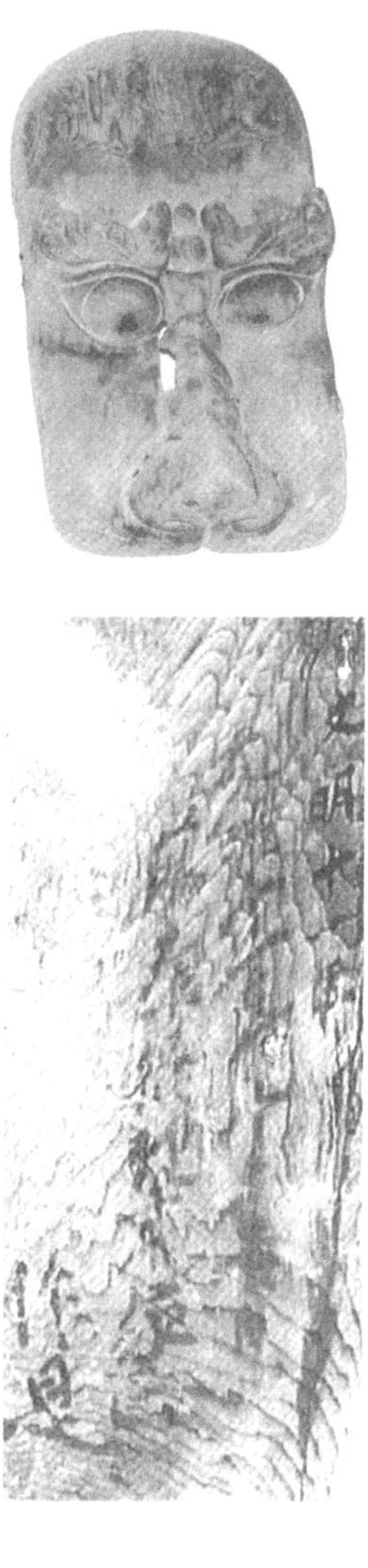

（写真10）入野加茂八幡宮蔵獅子頭銘文

この入野加茂八幡宮蔵の木造獅子頭に奉納者の銘文がある。銘文は『高知県史古代・中世史料編』には「土佐国古文叢」四九として「文永十年十月五日、藤原修理亮家正拝之（19）」と掲載されているが、『幡多郡大方町資料調査報告書』（昭和五二年、高知県立郷土文化会館発行、六二頁）では、「文明十一年　月吉日藤原修理家正　作是」となっている。ところが、実際に拝見し写真等で改めて確認すると「亮」の文字も確認できる。その結果【史料11】と読めることが確認できる。したがって、「土佐国古文叢」四九の文永十年は近世の著作者の誤りであると考えられる。

【史料11】入野加茂八幡宮蔵獅子頭銘文
文明十一年　月　吉日　藤原修理亮家正作是

入野加茂八幡宮の松原への造営の時期について、『南路志』によると「何之時松原へ移候哉年暦不知尤棟札ハ無之候へ共応仁之頃藤原家基再興之由申伝」とあり、文字の違いはあるが、先述の『大乗院寺社雑事記』、文明二年八月四日条に名前がある入野大和守家元がこの伝承の人物、すなわち家元＝家基と考えると入野氏が本拠地を入野に移したのち現在地（松原）に移転され、応仁の頃入野氏（藤原家基）によって社殿が再興されたという伝承は、ほぼ年代が整合することになる。

加茂八幡宮蔵獅子頭銘文の年号が文明十一年であれば、獅子頭を奉納した藤原修理亮家正は、年代から『大乗院寺社雑事記』に記載されている入野大和守家元および市正家則の次の世代の人ではないだろうか。藤原修理亮家正により大方郷鎮守の加茂八幡宮の神楽において使用された獅子頭が奉納されている事実は、大方郷の在地領主としての入野氏の存在を改めて認識させるものであろう。

ところで入野加茂八幡宮は入野氏の没落の永正十七年（一五二〇）から約六十年近くを経て、長宗我部氏の時代に社殿が再建されており、その際の棟札が伝来する。

【史料12】大方郷入野加茂八幡宮棟札（20）

八幡宮大檀那吉良播磨守平親貞天正五年六月吉日藤原朝臣定次喜兵衛尉

ちなみに史料12の大方郷入野加茂八幡宮棟札によれば、後世の天正五年（一五七七）、天正三年の長宗我部元親の幡多郡制圧後、一条家に代わって中村城を接収し、幡多の新たな支配者となった長宗我部元親の実弟、吉良播磨守平親貞によって新たに社殿が造営されていることが確認される。

第四節　入野氏の没落

1　一条家の地域権力形成と入野氏

土佐一条家初代の房家は、教房の家の女房（町顕郷養女、国人加久見土佐守宗孝女）を母として誕生し、教房の後継者として幡多荘を支配した。

永正十三年（一五一六）十二月には多数の幡多の国人を伴って上洛し、従三位権大納言に補任され、次男房通を京一条家の後継者としている（21）。永正十四年（一五一七）四月、一条氏は房家の上洛の隙を狙って戸波城を攻めた高岡の国人津野氏と合戦を行い、当主津野元実を敗死させている。その結果、房家の時代には、土佐一条家の権威と勢力は幡多荘域を超えて高岡郡に拡大している。幡多荘の国人達の支配を強め地域権力として「土佐国司」と称された。

ところで大方町加持の泉福寺跡に入野但馬守家重の墓と伝えられる五輪塔がある。大方町内では最大の五輪塔であり、大方郷の有力国人入野氏の威勢をしのばせるものがある。入野氏と土佐一条家との関係について『大方町史』は、「『土佐名家系譜』高野山小田原谷円満院の過去帳に、永正十七年（一五二〇）卯月二十四日付で入野家和、家重の名前が載っているとする記録は、入野父子が同日に死亡した事を意味するものである。父子が同日に死亡することはただ事ではない。これは、敷地氏との不和争乱を理由に、主家一条家によって誅伐されたことの間接的表現と見るべきでなかろうか」として入野氏は、一条家が公家大名として勢力を拡大して行く過程で誅伐され没落したと結論づけている。そして「永正山十六院泉福寺の山号は入野氏の菩提を弔うために菩提寺の長泉寺の僧侶によって名付けられたのではないか」と推定している。大方郷の入野氏の所領はその後、土佐一条家家僕の公家衆や他の国人の所領となっている点から、永正十七年（一五二〇）四月、国人入野氏が房家によって誅伐され没落したことはほぼ間違いないものと思われる。

2　入野ねぎ沢の不破八幡宮寄進状について

四万十市の不破八幡宮に大永二年（一五二二）に一条家諸大夫の源康任の土地寄進状が伝来する。

【史料13】源康任寄進状（22）

永寄付

下地入野之内　ねぎ沢一反　末代子孫長安所願成就之所如件

源之

大永二年八月十五日　　康任（花押）

史料13は、大永二年（一五二二）八月に源康任が、「ねぎ沢の土地一反の下地」（地主としての土地の支配権）を末代子孫長安と所願成就を祈願して不破八幡宮に寄進したものである。ほのぎ（小字）の名称は四百年後も約半数近くが残り現代の地籍図によりほぼ地域を特定できる。

「ねぎ沢」のほのぎは、入野本村の中ほどにあり入野氏の入野城から松原にかけての場所にある。（図6参照、大方町入野地籍図より作成、『大方町史』1、095頁）「ねぎ沢」は入野氏の没落の結果、一条家諸大夫の源康任の所領となった土地であろうと推定される。同様にその後、大方郷の加持は飛鳥井氏、馬荷は入江氏等の公家衆の所領となっている。

3　荘園支配の終焉と長宗我部氏の検地

ところで土佐においては、戦国期にはいると国人間の抗争が激化し、土佐中央部では長宗我部氏が戦国大名として台頭する。天正三年（一五七五）土佐一条家は没落し、幡多郡は長宗我部元親が支配するところとなった。

その後、元親は四国統一を進めるが、天正十三年（一五八五）、元親は、豊臣秀吉に従い、土佐一国を安堵された。元親は天正十五年九月より天正十八年まで土佐一国の検地を実施している(23)。入野の検地は天正十七年（一五九〇）十一月十六日から十二月二十五日まで行われており、入野郷の地検帳に次の記載が見られる。

【史料14】幡多郡入野大方之郷地検帳(24)

左兵衛作

□キ沢、一ゝ（所）　　壱反　〈出一八
代弐分、中〉　池　三良太夫　給

天正十七年は大永二年（一五二二）から六十年余りの歳月を経ており、一条家諸大夫源康任によって不破八幡宮に永代寄進されたはずの「ねぎ沢」はすでに不破八幡宮のものではなく長宗我部氏給人、池三良太夫の所領となっている。（図6―大方町入野地籍図のほのぎ分布、参照）

大方の中世は、天正十七年の長宗我部氏の検地によって終焉を迎えるのである。

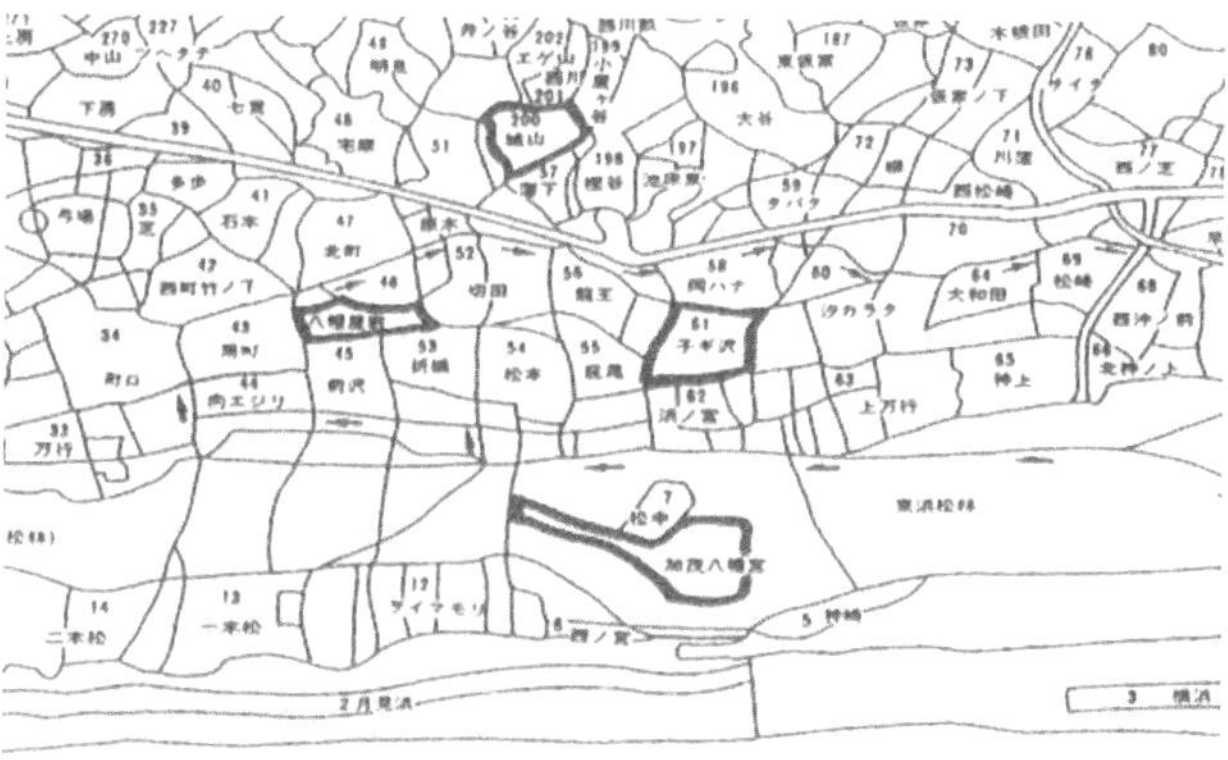

図6　大方町入野地籍図のほのぎ分布

おわりに

東福寺領幡多荘大方郷における地域社会形成の過程をまとめると、以下の点が挙げられる。

1、東福寺の回禄のため、幡多荘大方郷は、一条家より東福寺に寄進され、預所・宥意は直務のため下向し、加持の泉福寺は東福寺の荘園支配の拠点であったと推定される。大方郷は東福寺の経済を支える一〇ケ国、十数か所の所領の一つであった。大方郷をはじめ東福寺領への伊勢大神宮役夫工米以下の国役は官宣旨により免除されたが、伊勢大神宮役夫工米は一括して京都において支払われていた。

2、貞和五年大方郷年貢送文署判の下司道悦と応永十八年に飯積寺鰐口銘文に見える施主道祐は、飯積寺が金剛福寺の末寺で、大方郷の寺領支配の拠点であったことから、東福寺の荘園支配においても荘官を勤めたことが想定されるので、道祐は下司道悦の系譜につながる人物でいずれも飯積寺僧侶の可能性があるのではないか。

3、公文を務めた伊田の在地領主・藤原家忠の系譜を継ぐと考えられる藤原家重は応永十八年には飯積寺の大旦那として鰐口を寄進しており、入野に本拠を移し入野氏を称したのではないかと推定される。家元（家基）の時代に菩提寺として入野に長泉寺を建立し、また、加茂・八幡宮を松原に移転している。家元、家則の後継者、家正は加茂八幡宮に獅子頭を寄進している。

4、応仁の乱後、一条教房が幡多荘へ下向し一条家の幡多荘直務支配が行われた。教房は、叙位任官等により在地領主である国人たちの心をつかむ一方、入野氏のように意に従わない場合は、「籠名」等の神罰を下すという宗教的な圧力により屈服させている。

戦国期（永正年間）土佐一条氏の地域権力の確立の過程で、家和、家重の時代に入野氏は没落したものと推定される。

5、長宗我部氏の土佐統一の結果、中村城代となった吉良親貞により天正五年に加茂・八幡宮は修造されている。『長宗我部地検帳』によると、幡多荘大方郷はすべて長宗我部氏の給人に宛行われている。天正十七年、長宗我部氏の検地でほぼ大方の中世は終焉を迎える。

中世において、寺院は荘園支配の拠点ともなったが、観音信仰や地蔵信仰を通じて、人々の精神生活を支える拠りどころでもあった。また、地域の人々の生活に結びつき、地域の文化を向上させる役割をはたした。

『大方町史』によると、地検帳に掲載された大方の寺院の数は六十を超える。中世の終わりごろには、村々に堂や庵などの寺院が建てられ地域の共同生活と人々の信仰の場となった。今、それらの寺院の多くが廃寺となり、苔むした石塔に往時の跡を偲ぶばかりである。しかし、このような滅び去った寺院が多数の中で、地域の人たちの信仰心に支えられて存続しているお堂や仏像に接する事ができる。これからの中世史研究においては、このような寺院の仏像や鰐口等の銘文、神社の棟札等の調査の結果を吟味し、その成果を地域史研究に生かしていくことが課題である。

註

（1）『東福寺文書之二』（三九八）、三三四頁、『大日本古文書』家分文書二十、東京大学史料編纂所、一九五七年
（2）前掲書（1）（四八六）四九四頁
（3）前掲書（1）（三九八）三六一頁
（4）前掲書（1）（四一四）三九三頁
（5）「伊田小畑五輪塔群」、『大方のいしぶみ金石史料調査報告書』四頁、大方町文化財調査委員会編、一九九六年
（6）「通史編（二）中世第二章室町時代」、『大方町史』、一七七頁、大方町、一九九四年
（7）土佐国蠧簡集一〇七、『高知県史古代・中世史料編』二五六頁、高知県、一九七七年

（8）安西欣治「一条家三代他に見る家領への下向」、『崩壊期荘園史の研究』六六頁、岩田書院、一九九四年

（9）『大乗院寺社雑事記』四、三一九頁、『増補続史料大成三一』（普及版）、臨川書店、二〇〇一年

（10）前掲書（9）三一九頁

（11）和田秀松、所功校訂『官職要解』一五六頁、一七二頁、講談社学術文庫、一九八三年

（12）前掲書（9）四七三頁

（13）酒井紀美「Ⅱ在地社会の検断、第三章　名を籠める」『日本中世の在地社会』吉川弘文館、一九九九年

（14）前掲書（9）五、一二九頁

（15）前掲書（9）五、一六二頁

（16）池田真澄『土佐の仏像』一〇七頁、高知市立図書館、一九七九年

（17）『長宗我部地検帳』幡多郡上の二、一三四頁、高知県立図書館、一九六四年

（18）前掲書（6）「通史編（二）中世第二章室町時代」、一七九頁
（19）前掲書（7）土佐国古文叢四九、九八八頁
（20）前掲書（7）土佐国蠧簡集三九八、三三三頁
（21）『宣胤卿記二』永正十四年十月五日条二九〇～二九二頁、『増補史料大成』臨川書院、一九六五年
（22）前掲書（7）土佐国蠧簡集一八二、二七六頁
（23）横川末吉「長宗我部氏の検地」戦国大名論集『長宗我部氏の研究』一九四頁、吉川弘文館、一九八六年
（24）前掲書（17）二四五頁

第二章　土佐一条家の成立と国人加久見《かぐみ》氏

はじめに

土佐一条家は、応仁二年（一四六八）に土佐国幡多荘の直務支配のため土佐に下向した一条教房の子、房家を初代として天正三年（一五七五）の四代兼定の没落まで、戦国期の百六年間、在国公家として幡多荘を支配した。土佐一条家の成立を支えた在地勢力として、房家の生母中納言局の実家である以南村（土佐清水市）の有力国人加久見氏と足摺金剛福寺が挙げられる。土佐一条家の成立を支えた両者の役割と関係について考察したい。

第一節　一条家の幡多荘直務支配と加久見氏

1　文明期の加久見氏と金剛福寺

所領幡多荘の当知行のため土佐に下向した前関白一条教房は幡多荘の直務支配にあたり、幡多荘の有力な国人達に官途斡旋を行なった。『大乗院寺社雑事記』の文明元年（一四六九）五月十五日条には、早速教房のもとに伺候したと思われる三名の国人に官途斡旋を行った記事が見られる。

【史料1】文明元年五月十五日条（1）

一、自幡多被仰出候昇進事、去年十二月廿日任日也

右近将監惟宗朝臣能基　任山城守

豊後介藤原朝臣能永　任雅楽助

左衛門尉藤原朝臣宗孝　任土佐守

史料1の左衛門尉藤原宗孝が以南村の国人加久見氏であり、土佐守に任官している。幡多荘の直務支配に当たっては一条家への忠節が大きかったものと推察される。加久見氏について『大乗院寺社雑事記』の文明七年（一四七五）七月十三日条には次の記事が見える。

【史料2】文明七年七月十三日条(2)

土佐前殿奉公女房香具ミ入道之孫也、為顕郷猶子仍号中納言局、香具ミ入道は先月廿四日入滅了云々、国人及合戦子細有之歟、金剛福寺院主此一両年止高野山為仲人可下向之由被仰付迎共罷上云々

すなわち、教房に奉公していた家の女房で香具ミ入道の孫娘を諸大夫の町顕郷の猶子として土佐で死去した妻（冷泉氏女）の後妻に迎えたこと、名を中納言局としたことが報告

されている。このように、応仁二年（一四六八）十月に幡多荘に下向し、直務在国支配を開始した一条教房は、国人・加久見宗孝を先に土佐守に補任したばかりでなく、宗孝の娘を諸大夫の町顕郷の猶子として後妻に迎え、加久見氏との絆を強めている。また、香具ミ入道は、国人間の合戦により五月二十四日に死去している。国人間の紛争の原因については明確でないが、香具ミ入道が討ち死しているので紛争の一方の当事者は加久見氏であったものと推察される。

教房は国人間の紛争の調停のため、わざわざ高野山に止まっている金剛福寺院主を迎えに使いのものを遣わしている。

仲人とは中世の在地で紛争の際に、当事者でない双方に関係の深い第三者が両者の間に立ち仲裁を計る方法である。そのために、教房は、高野山に止住している金剛福寺院主をわざわざ呼び戻していることがわかる。教房が荘園領主として国人間の紛争の調停にあたり仲人の慣行を利用し慎重に紛争の解決を行おうとしていることがうかがえる。

金剛福寺は、荘内に多くの寺領を有する領主としての側面もあり、又、大檀那である一条家のため幡多荘内における宗教的権威を背景に国人間の紛争を調停する役割を果たしている。

2　教房死去と直務支配の動揺

教房は幡多荘在荘十二年、五十八歳で幡多荘において死去している。『大乗院寺社雑事記』には次の記事が見られる。

【史料3】文明十二年十二月二十七日条(3)

一、(前略)土佐中納言局書状同到来薨給日十月五日也云々、四日之由先日風聞了、(中略)土佐若君(房家)當門跡入室事、自故関白蒙仰之間、申入御請畢、去々年事也、

中納言局からの書状によると、教房は、文明十二年（一四八〇）十月五日に死去しており、当時、若君（房家）は、すでに四歳となっていたが(4)摂関家庶子の出家の慣例に従って、教房よりの前々年からの申し入れによって奈良の興福寺・大乗院への入室が予定されていた。

ところが教房の没後、幡多荘では文明十五年（一四八三）に一条家随身の侍と在地の国人間の対立でいざこざがあり、為松、川原等の在地国人が一条家随身の難波備前守を殺害する事件が勃発している。そのため一条家の幡多荘支配は動揺する(5)。『大乗院寺社雑事記』文明十六年（一四八四）七月廿四日条には次の記載がある。

【史料４】文明十六年七月廿四日条(6)

一、就土州若君、自中納言局文到来、自家門又巨細仰出、若君去年冬自中村御所ス

リヘ御入、當年三月清水ヘ入御南海津也云々、兵衛佐迎ニ参申者、可然旨被仰上之
僧一人罷上、条々相尋之、

幡多荘の混乱のため中納言局は七歳の房家を連れて足摺金剛福寺に避難し、清水加久見氏のもとへ身を寄せている。当初、一条家においては、若君（房家）は、摂関家庶子の慣例により興福寺大乗院への入寺が予定されていた。そのため、諸大夫の町顕基を迎えに遣わすとされているが、同時に、京一条家当主の冬良に幡多荘の状況を説明し、善後策を講ずるために一人の僧侶が上洛しているのである。文明十六年（一四八四）七月に、幡多荘の状況説明のために上洛した僧侶は、幡多荘の事情に精通した金剛福寺院主自身かあるいは側近の僧侶であろうと思われる。その結果、当面、房家の出家は延期となり、その後の情勢の変化もあって、明応三年（一四九四）正月に房家は十八で元服し、正五位下左少将に叙位・任官する。すなわち在国公家土佐一条家の成立に至るのである(7)。

第二節　加久見氏と金剛福寺の関係について

1　蓮光寺勧進状について

蓮光寺は、清水港を見下ろす小山丘上にある浄土宗寺院である。承元元年（一二〇七）に法然上人の弟子随蓮坊によって創建され、文明年中に本誉上人によって再興されたと伝えられている。清水が南海路の要港「南海の津」として繁栄していた文明年間には、加久見氏は以南村の有力国人として清水を勢力下におき、蓮光寺の檀那でもあったのではないかと考えられる。ところで蓮光寺勧進状によると、清水に蓮光寺阿弥陀堂が人々の勧進により再建されたのは教房死去の文明十二年（一四八〇）のことである。『南路志』によると当寺には二通の勧進状が伝来している。一通は文明十二年（一四八〇）三月の阿弥陀堂建立時の勧進状であり、一通は天文三年（一五三四）八月の鋳鐘勧進状である(8)。

【史料5】蓮光寺勧進状(9)

勧進沙門某敬白

殊に十方檀那の御助成を蒙り、土州幡多郡以南村の蓮光寺を建立せむと請勧進状

右当寺の阿弥陀如来の草創は、いつれの時と詳らかならす、奇特ハさらに今も絶えさるもの也。海にのそみて往来の商客を利益の風をわけて南北の舟人を送迎す。(中略)諸檀も一紙半銭の布施をいたさは、不尽の楽をあたゆへし、建立早成せは助縁長く、繁栄ハ現世の安楽のミにあらす、後生の福智更に疑ふへからす、勧進の趣かくのことし　敬白

文明十二年三月十五日

史料5は文明十二年(一四八〇)三月に勧進によって蓮光寺阿弥陀堂が建立された際の

勧進状である。すでに文明年間において、清水は「南海の津」として知られ、商客が頻繁に往来していたと考えられ、蓮光寺阿弥陀堂は、南海の津に往来する商人や船頭など多くの人々の勧進によって再建されたものと思われる。

2　蓮光寺と清水港

『長宗我部地検帳』は、戦国期末の史料であるが、それでも蓮光寺勧進状に記された文明期の「南海の津」、清水港の繁栄の一端を垣間見ることができる。

【史料6】土佐国幡多庄清水ノ村地検帳（10）

清水ノ村地検帳

常楽寺道コシ三ケ所　清水村

一所　四十弐代　五歩　下ヤシキ　漁夫　新兵衛給

蓮光寺々中内外懸テ　　　　　　　　同（清水村）同ゐ
一ゝ（所）四十五代出壱代壱歩　下ヤシキ　　蓮光寺
阿弥陀堂　　　　　　　　　　同（清水村）
一ゝ（所）五代　堂床　　　　　　　　同し（蓮光寺）
（中略）
市場　　　　　　　　　　　　同（清水ノ村）新兵衛扣
一ゝ（所）拾壱代壱歩　下畠　　　　散田

史料6は天正十七年（一五八九）の『長宗我部地検帳』である。「清水ノ村」には四十五代の蓮光寺があり、五代（三〇坪）の阿弥陀堂が記載されている。

蓮光寺中内外は漁夫新兵衛が「同ゐ」とあり、蓮光寺の門前には市場の存在が確認される。市場は漁夫新兵衛の「扣」となっている。すなわち蓮光寺は新兵衛が居住し、市場の管理も漁夫新兵衛が行っている。蓮光寺の眼下に清水港がひらけ門前に市場のある光景がうかがえる。

3　加久見氏と善快について

次に蓮光寺鋳鐘勧進状から、国人加久見氏と金剛福寺の関係について考えてみたい。

【史料7】蓮光寺鋳鐘勧進状(11)

勧進沙門敬白
請特欲蒙南膽部州大日本国土州幡多庄以南村志水於蓮光寺為鋳鐘勧進十方檀那道俗男女助成合力勧進帳
厥以蓮光寺之佛殿者、三間四面之堂舎、御本尊弥陀立像行基制作也、然則鐘勧進功徳（中略）丑時八鐘者、百八煩悩為退治、数定百八度撞〃罪消也、酉時六鐘者、我等衆生六根舌〃八告、六八四十八度鳴鐘罪消、馮敷哉、只今之願主不思儀瑞想、本尊告三度見給、依之思立盡志乾坤運歩十方、朝叩福祐之門馮積善餘慶、夕交村里塵貧女一灯、廣劫之昔、人天大會至五更、眠覚時〃撞鐘、天人天降地神動臥、至菩提之彼岸也、依之一躬同心可営鐘之勧進状、盖如是

干時天文三年甲午八月時正　　敬白

加久見

土佐守宗孝（花押）

善快（花押）

以南左衛門□

宗勝（花押）

加久見左衛門尉

宗頼（花押）

史料7は天文三年（一五三四）八月に蓮光寺に梵鐘を寄進した際の勧進状である。この勧進状に記載された仏殿は、当然、文明十二年（一四八〇）に建立された阿弥陀堂と考えられる。この勧進状の奥書には四名の署判が見られる。加久見土佐守宗孝は、応仁二年に土佐守に推挙され(12)、娘は中納言局、房家の祖父に当たる人物である。善快は、加久見氏の当主宗孝の次に連名で署判されている。このことから、善快は、加久見氏所縁の僧侶で宗孝の近親であろうと考えられる。

善快と金剛福寺との関係を示す次の史料が挙げられる。

【史料8】金剛福寺蔵土佐一条氏位牌群　金剛福寺代々別当位牌(13)

（表）

南佛　心慶　憂慶　隆慶　南慶　各尊位

宥心　善慶　善雅　善快　尊海　尊祐

（裏）

南佛　心慶　憂慶　隆慶　南慶　蹉跎山

霜月五日　五月三日　七月九日　十月八日　二月三日　代々之

宥心　善慶　善雅　善快　尊海　別當

三月十一日十二月六日　十一日　二月廿六日　十一月四日

史料8は代々の金剛福寺院主の位牌であるが、鎌倉期以来の十一代の院主の九番目に善快の名前がある。尊海は、永正十八年（一五二一）六月に土佐へ下向しているので[14]、善快はそれ以前の院主である。また、文明十一年八月十八日付の前院主善雅の院主職譲状が伝来し[15]、『大乗院寺社雑事記』の文明十二年（一四八〇）十二月八日条に「足スリ院主入滅[16]」の記事があるので、善雅はこの頃に死去したと考えられる。したがって、善快は、文明十三年（一四八一）ころから永正十七年（一五二〇）のほぼこの間に金剛福寺院主を務めたものと考えられる。

以上の点から、善快こそ加久見氏所縁の金剛福寺院主で、文明十五年（一四八三）、幼少時の房家を金剛福寺に保護し、また、金剛福寺院主として房家の元服と土佐一条家の成立に尽力した僧侶ではないだろうか。

第三節　土佐国衆加久見兄弟について

1　宗勝と宗頼について

次に宗勝と宗頼であるが、宗勝と宗頼はいずれも加久見氏の「宗」を通字としており、このことから、二人は加久見氏一族で宗孝の後継者であろうと考えられる。

また宗頼は従来の加久見姓を名乗り、宗勝は以南村の以南を姓として名乗っているが、加久見氏は一条家の幡多荘直務支配に尽力することで房家を擁して一条家の外戚として家格が上昇し、以南村全域に勢力を広げた。その結果、宗勝が以南姓を名乗ったものではないかと考えられる。いずれにしても、宗勝と宗頼は加久見氏の宗孝や善快の近親で次の世代の人物であろうと思われる。

2 以南宗勝の官途名について

以南宗勝の官途名は、『高知県史古代・中世史料編』の翻刻によると、「土佐国蠧簡集拾遺」では、「左衛門尉（カ）」とあり、「土佐国古文叢」では、「左衛門尉」と解読されている(17)。しかし、後述の筆書きの写本を見ると、どちらも明らかに隣に署判の宗頼の官途名「左衛門尉」の「尉」の文字とは字形が異なっている。そこで、宗勝の官途名は「左衛門尉」ではないのではないかと疑問を持った。この点について、『土佐清水市史』上巻の著者も同様の疑問があったものと見え、宗勝の官途名を「左衛門タ（太・多）」（二八六頁

～一二八七頁）と解読している。蓮光寺鋳鐘勧進状の原本は明治期の廃仏毀釈時に覆滅した

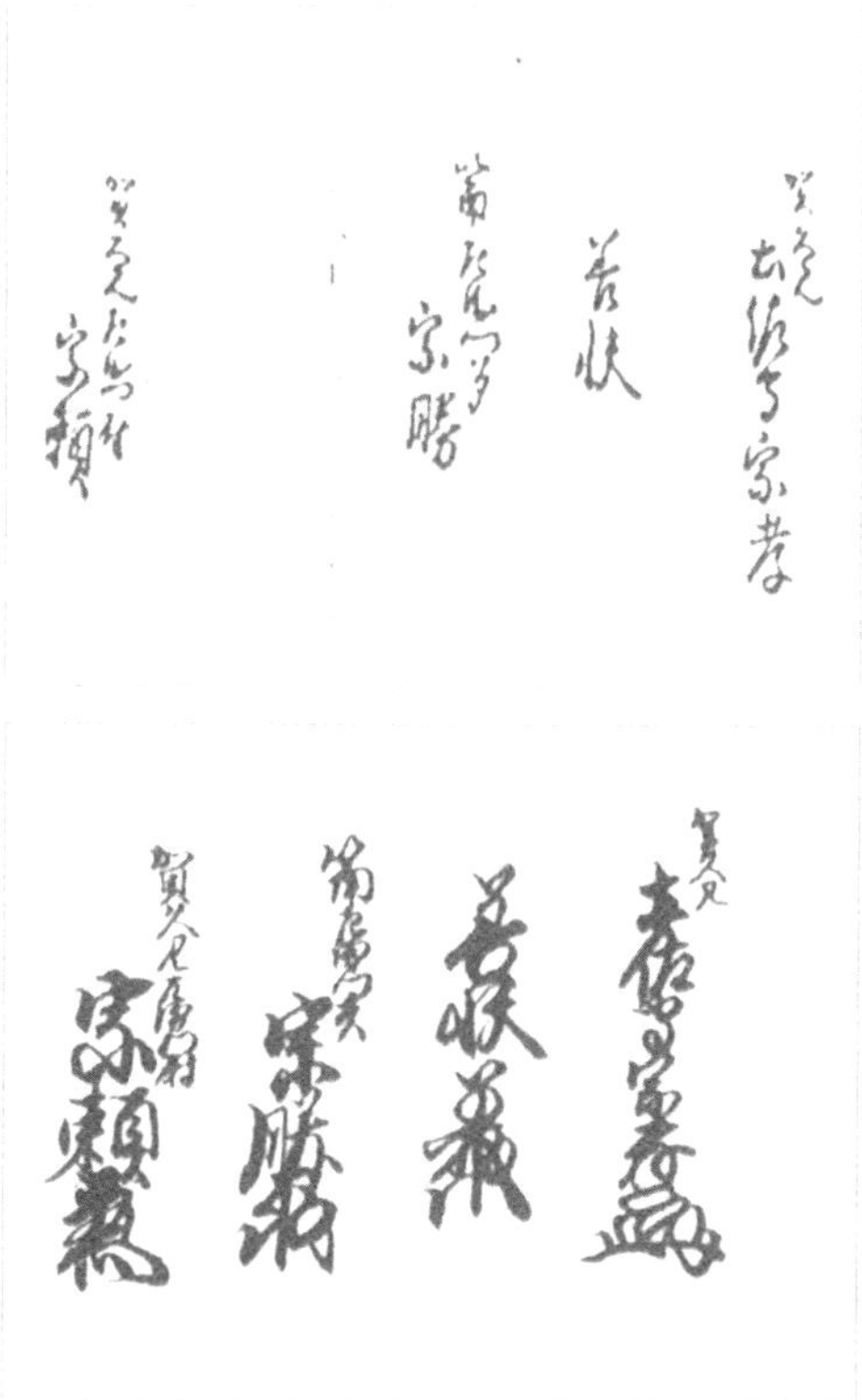

（写真11）蓮光寺鋳鐘勧進状奥書署判

（写本A）

（写本B）

ものと考えられ、原本で以南宗勝の官途名を確認することができない。そこで二つの写本、A『土佐国蠹簡集拾遺』谷垣守編延享四年（一七四七）〔高知県立図書館の写本による〕とB『土佐国古文叢』武藤平道編文化八年（一八一一）〔東京

大学史料編纂所蔵・県立図書館所蔵の影写本による」（以下写本A、写本Bとする）の以南宗勝の官途名を記した筆書き部分について写本Aおよび写本Bの以南宗勝の官途名の「左衛門□」の□に相当する文字には「尉」、「佐」「志」等のどれかの文字が該当するのではないかと考え、両方の筆書きの文字を比較検討してみたが、両者には相当の違いがあり両方の写本から一致する官途名を特定することは困難に思えた。

ところが蓮光寺鋳鐘勧進状に関する史料として『土佐國編年紀事略巻之四』に次の記載がある。

【史料9（18）】

（天文）
○同三年八月幡多郡清水浦蓮光寺ノ沙門時正十方檀那ニ勧進シテ蓮光寺ノ鐘ヲ鋳ルコト三度本尊ノ告有ニ因テ也賀久見土佐守宗孝同左衛門尉宗頼以南左衛門太夫《ママ》

僧善快等奉加ス蓮光寺蔵勧進帳勧進沙門敬白云々干時天文三年甲午八月時正敬白
賀久見土佐守宗孝判以南左衛門太《ママ》夫宗勝判賀久見左衛門尉宗頼判トアルニヨル

『土佐國編年紀事略』は土佐藩収録役の職にあった中山厳水編・寺村成相校訂の神代から元和元年までの土佐国についての史書である。編年体で綱文を掲げ、その根拠となる史料をあげたうえで関係人物・年代等について考証を行っている。引用史料の中にはその後覆滅したものもあることから貴重な史書である[19]。『土佐國編年紀事略』は、弘化四年（一八四七）の成立とされるため、写本Aおよび写本Bよりは新しいが、明治期の廃仏毀釈によって原本が失われる以前の江戸期の史料であり、以南宗勝の官途名を「左衛門□□」と二文字で「左衛門大夫」とする中山厳水の著述は信頼性が高いと考えられる。

このことから、以南宗勝は、六位の侍品より一ランク上位の諸大夫クラスの五位の官位を受け、「左衛門大夫」を名乗っていたものと考えられる。もちろん従五位下の叙位は、地方の国人クラスでは破格のことであったと考えられる。しかし、宗勝が正式に従五位下に叙位されていたかどうかについては、『暦名土代』には記載が見られず、明徴を得ることができない。以上の点から、天文三年の蓮光寺鋳鐘勧進状奥書署判の以南宗勝の官途名は、「左衛門大夫」であると推定するものである。ちなみに後世の史料だが、『長宗我部地検帳』の記載等においては加久見氏の給地は、「左衛門大夫給」とある。

3　今川為和集に見える土佐国衆賀久見兄弟

ところで一条房家は、永正十三年（一五一七）十二月に、次男・房通を京一条家の後継者とするため、多くの国人を従えて土佐より上洛している。後柏原天皇に拝謁し、従三位権大納言に叙位任官している(20)。

また、将軍義植に拝賀し、「土佐国司」の地位を承認されたものと考えられる(21)。

上洛の際に、房家主催の「歌会」がたびたび行われたことが、『宣胤卿記』にも散見される。『今川為和集』の永正十四年五月二十八日釈教歌に次の短歌が見られる。

【史料10】今川為和集(22)

土佐国衆賀久見兄弟三年とて、土佐一条殿于時大納言御勧侍

　尺教　　同廿八日

しるしらぬ身の上とても行月に　心よにしへかたふきそする

史料10の事書には、「土佐国衆賀久見兄弟三年とて、土佐一条殿、時に大納言、御勧侍る」と見え、一条家に伺候の公家・今川為和が、房家の勧めにより、土佐国衆・賀久見兄弟の三回忌にあたり釈教歌を詠んだことがわかる。為和は、上冷泉為和ともいい、当時、従三位、右衛門督の官職にあり三十二歳、和歌の家の家系である。

釈教歌は、仏教の教えを詠んだ歌であり、この歌は「人の身の上を知っているのか、知

らないのか、行く月を眺めていると、月がしだいに西の空にかたむくように、心は西（西方浄土）へ傾いていくことだ」といった意味であろうか。

これによって永正十一年（一五一四）の賀久見兄弟の死去が確認される。また、兄弟が同日に死亡しているとすれば其の死亡の理由が合戦等による討死の場合も想定されよう。

永正十一年には房家は三十八歳であり、戦国争乱の土佐一条家の当主として、幡多荘経営に力を尽くしていたものと考えられる。永正十一年に一条家の幡多荘支配がまだ磐石なものでなかったことは、永正十四年四月の房家上洛中にさえ高岡の国人津野氏との合戦が行われていることからも窺えよう。

房家が永正十四年五月の歌会で三回忌の供養のために今川為和に釈教歌を詠ませた土佐国衆・賀久見兄弟は房家の近親の人物であろうと推定される。

ところで蓮光寺鋳鐘勧進状奥書の宗勝、宗頼が賀久見土佐守宗孝の次の世代と推定すれば、今川為和集に見える土佐国衆賀久見兄弟に該当する可能性も考えられるのではないだろうか。

第四節　蓮光寺鋳鐘勧進の目的と背景

1　蓮光寺鋳鐘勧進状の性格について

蓮光寺鋳鐘勧進状は、天文三年（一五三四）、勧進によって蓮光寺に梵鐘を寄進した際の勧進状であると考えられる。

蓮光寺鋳鐘勧進状の奥書には土佐一条家初代の房家の祖父にあたる加久見土佐守宗孝を始め、加久見一族と考えられる僧・善快、以南左衛門大夫宗勝、加久見左衛門尉宗頼の四名の署判が見られる。神・仏への願文にもかかわらず、願主である四人の署判が奥下ではなく奥上にあるのはなぜだろうか、天文三年の蓮光寺鋳鐘勧進状の性格と鋳鐘勧進の背景について考察したい。

願主が勧進状の奥書に名前を記すことは一般に見られる。そこで勧進状の奥書に署判した四名は願主であろうと推定される。しかし、文明七年（一四七五）に娘の中納言局を教房に嫁がせている宗孝は、当時、三十歳代中半の年齢であったと考えられるので、天文三年（一五三四）には、九十五歳前後の年齢となり、当時の平均寿命から考えても、宗孝が生前に勧進状に署判することは極めて困難ではないかと思われる。また、善快は、永正十八年（一五二一）六月には、十代院主尊海に交代していることから、この頃の前後に入滅していると考えられる。したがって、天文三年（一五三四）の勧進状の二人の署判は、いずれも本人によるものとは考えられない。次に、宗勝と宗頼が今川為和の尺教歌の事書きの「土佐国衆賀久見兄弟」であるとすると、永正十一年（一五一四）に死亡していることが確認される。

このように、奥書に署判している四名が天文三年（一五三四）には、すでに死去しているとすると蓮光寺鋳鐘勧進状の署判はいずれも本人によるものではないと判断される。一般的に奥下にあるべき署判が奥上にある理由を考えると、四人がすでに故人であって鋳鐘勧進の目的が奥上の四名の人物の追善のためではないかと推察される。さらに勧進状の「于時天文三年甲午八月時正　敬白」に注目すると「八月時正」は、「秋の彼岸の中日」である。このことからも、彼岸にあたり加久見氏所縁の四人の人物の追善供養のために滅罪と極楽往生を願って梵鐘を勧進寄進したと推定するのが妥当ではないかと思われる。

2　追善供養の願主について

鋳鐘勧進状の文言には鋳鐘勧進のきっかけとして、「願主が本尊の来迎の瑞想を三度見て鋳鐘の勧進を思い立った」と述べられている。このような蓮光寺鋳鐘勧進状の文言からも、願主は、蓮光寺の来迎阿弥陀如来を深く信仰していたものと推察される。したがって、願主は、蓮光寺の本尊・阿弥陀如来を以前より信仰し、奥書に署判の四人の人物と関係の深い人であろうと想定される。願主の目的が蓮光寺本尊に対する信仰と、四人の追善供養であるとすると、願主は、蓮光寺の旦那で、四人の縁者である加久見一族の人々が想定されるが、とりわけ房家の生母、中納言局は蓮光寺鋳鐘勧進状署判の四人の最も身近な肉親であり蓮光寺鋳鐘勧進の願主として可能性が高いと思われる。

鋳鐘勧進が行われた天文三年八月の翌年、房家生母中納言局は最晩年を迎えている。文明七年（一四七五）に五十三歳の前関白一条教房に嫁いだ彼女は、当時二十歳であったとしても、天文四年（一五三五）年には八十歳前後の高齢であったと推定される。文明十二年（一四八〇）の教房没後は、戦国争乱の土佐にあって、幼少の房家を擁して五十余年、土佐一条家の成立を内側から支えてきた彼女は、加久見一族の人々からは深く敬慕されていたのではないだろうか。金剛福寺位牌には「守保大禅定尼　天文四年乙未年六月初六日妙花寺殿御躰藤林寺殿之御母」とある（２３）。戒名の「守保大禅定尼」は土佐一条家と加久見氏の両者の紐帯の役割を果たした彼女にふさわしいものではないかと思われる。

3　天文三年前後の土佐一条家

蓮光寺勧進状が書かれた文明十二年（一四八〇）から、蓮光寺鋳鐘勧進状が書かれた天文三年（一五三四）までの五〇余年間は、応仁二年（一四六八）に土佐に下向した教房の没後、遺児房家を初代として土佐一条家が成立し、幡多荘における在国支配を確立した時期に相当する。蓮光寺鋳鐘勧進状が奉納された天文三年前後の土佐一条家を巡る状況についてふれてみたい。

『公卿補任』によると、土佐一条家当主の房家は、前大納言正二位となり、六十歳の還暦を迎えている。

土佐一条家の後継者房冬は、権中納言従二位左中将で三十七歳、永正十八年（一五二一）に伏見宮家より妻に玉姫を迎えている。息・房基は、十三歳、従五位下、侍従で、天文四年には正五位下に越階している。

京一条家を継いだ次男房通は、権大納言正二位で左大将二十六歳である。冬良の娘と結婚し京一条家を継承した房通は、土佐一条家の財力によって支えられ、官位昇進は順調で、両家は隆盛の様子がうかがえる。

また、幡多荘在国支配においては、永正十七年（一五二〇）に大方郷の国人・入野氏を没落させ、天文二年（一五三三）には鎌倉期以来の有力国人敷地氏を誅罰している。戦国期にあって、在国公家より地域権力へと展開する土佐一条家の幡多荘支配は、この時点において磐石のように見える。加久見氏もまた、以南村において勢力を一層拡大し土佐一条家の外戚として幡多荘の国人中では別格の存在であった。

おわりに

応仁二年（一四六八）の一条教房の幡多荘下向による一条家の直務在国支配は、教房が、国人加久見氏との間に在地荘官としての主従関係以上の血縁の関係を取り結ぶことによって在地に根を下ろし、房家の時代に至って幡多荘における地域権力を確立することができたと考えられる。また、房家の擁立に尽力した金剛福寺院主善快は、房家の母中納言局の実家である加久見氏所縁の僧侶であろうと推定される。国人加久見氏と金剛福寺は房家との血縁の結びつきにより土佐一条家の成立に重要な役割を果たしている。さらに、両者は在地において、金剛福寺は一条家の所領支配の宗教的支柱となり国人加久見氏はその爪牙となって土佐一条家の幡多荘支配に大きな役割を果たしたものと思われる。

註

（1）『大乗院寺社雑事記』四、二九七頁、『増補続史料大成』（普及版）臨川書店、二〇〇一年
（2）前掲書（1）六、一三九頁
（3）前掲書（1）七、一三九頁

（4）前掲書（1）七、二三〇頁
（5）前掲書（1）八、一二〇頁
（6）前掲書（1）八、一九九頁
（7）前掲書（1）十、三七六頁
（8）蓮光寺は明治期に廃仏毀釈によって荒廃し、その際、両文書とも原本は失われており、引用の写本A、Bは江戸期の土佐国蠹簡集拾遺及び土佐国古文叢に掲載されているものである。
（9）土佐国蠹簡集拾遺一三八、土佐国古文叢四七八、『高知県史古代・中世史料編』五八一頁、同二〇九頁
（10）「土佐国幡多庄地検帳・幡多郡浦尻・清水・越村」『長宗我部地検帳』幡多下の二、三二三貫
（11）前掲書（9）土佐国蠹簡集拾遺一六三、五八九頁、土佐国古文叢五八七、一一四二頁
（12）前掲書（1）四、一一九七頁
（13）「足摺岬金剛福寺蔵土佐一条氏位牌群」野澤隆一『国学院雑誌』八十七巻四号、一九八四年、

足摺岬金剛福寺における国学院大学の調査で発見された土佐一条氏関係の新史料で、位牌二十二枚からなる。一条教房をはじめ、土佐一条氏関係者の位牌群である。野沢隆一氏の論文によるとこの位牌群は、二十三枚を一そろいとして天文二十三年（一五五四）から弘治二年（一五五六）の間に作成されたもので、一条房家の子で金剛福寺別当の尊祐が作成したのではないかと推定される。

（14）『土佐一条家年表』小松泰編著、朝倉慶景監修、二一五頁
（15）前掲書（9）土佐国蠧簡集脱漏一〇五、九五五〜九五六頁
（16）前掲書（1）七、二二一頁
（17）前掲書（9）五八九頁及び一一四三頁参照
（18）『土佐國編年史料控』第三巻、五二五頁、前田和男、私家版、二〇〇四年
（19）『史籍解題辞典上巻』二〇一頁、竹内理三・滝沢武雄編、東京堂出版、一九八六年
（20）「宣胤卿記」永正十四年十月五条、『増補史料大成』第四十五巻・『胤卿記二』一九〇頁、臨川

書店、一九九二年
（21）前掲書（20）『宣胤卿記』永正十四年一月三十日条、二五九頁
（22）「今川為和集」五二一頁『私家集大成』宮内庁書陵部本・和歌研究会編、明治書院、一九七六年
（23）前掲書（13）二九頁

第三章　四万十川（渡川）合戦と一条兼定

はじめに

応仁の乱をのがれて所領、土佐国幡多荘に下向した前関白一条教房の遺児、房家に始まる土佐一条氏は房家―房冬―房基―兼定と四代にわたり、応仁二年（一四六八）の教房の下向から数えると、天正三年（一五七五）の兼定没落まで百年余りの間、戦国期の中村に在国し直務支配をおこなった。

四万十川（渡川）合戦は、天正三年（一五七五）、豊後に追われた土佐国司一条兼定が幡多郡の所領の回復のため、具同、栗本城に拠って長宗我部元親に挑んだ合戦として知られ、合戦の場所は現在の四万十川の鉄橋付近とされる。

従来、四万十川（渡川）合戦については、『元親記』、『土佐物語』、『南国中古物語』、『土佐軍記』、『長元記』、『長元物語』等、近世の軍記物語を史料として研究されてきた。

これらの軍記物語のうち『元親記』は、「幡多渡川合戦之事」条に、「去る程に、渡川より西豫州御荘郡まで一味して、渡川の向、栗本に要害を拵、」と見え、四万十川合戦の時期については明確な記述が見られない。また『土佐物語』は、「四万十川合戦の事」条に、合戦の有様が詳しく記述されるが、合戦の時期については同様に明確でない。

また、『南国中古物語』は、「本川合戦兼定公退去國中元親存分に成る事」条に、本川合戦は「天正元年九月二十二日」と日時もはっきり記載されるが、天正元年には兼定は土佐に在国しており、錯乱が見られる。さらに『土佐軍記』、『長元記』、『長元物語』には四万十川合戦そのものの記述が見られない(1)。

このように、近世に編纂された軍記物語は、四万十川合戦の時期について不明確で、また一条兼定の人物像については、後世の価値観によって潤色され必ずしも信頼できない点が多い。

しかし近年、天正期の土佐一条氏について、一次史料に基づく研究が進み、従来の軍記物語では知られていなかった事実が明らかとなっている。

朝倉慶景氏は、元亀四年（一五七三）七月より天正三年（一五七五）五月まで、京一条家の一条内基が幡多荘に下向し、兼定の隠居と内政の元服および元親女との婚姻を成立させ、土佐一条家の存続に重要な役割を果たしたとされ(2)、秋澤繁氏は、天正三年以後も在国公家・土佐一条家を推戴する「御所体制」によって長宗我部氏の土佐支配が行われたと指摘されている(3)。

一条兼定は、天正二年二月に豊後に追放後、同地で受洗し、ドン・パウロの洗礼名を持つキリシタンとなったことが知られている。そのため『イエズス会日本通信』や『フロイス日本史』等には兼定の動向を伝える記事が散見される。本章においては、軍記物語等の編纂史料によらず同時代史料である豊後の大友氏関係史料や、キリシタン史料等により、四万十川（渡川）合戦の時期や没落後の一条兼定について、従来の研究とは異なる視点で考察してみたい。

第一節　兼定の豊後出陣の時期

天正二年以後の兼定の動向は、豊後に滞在したイエズス会の宣教師から本国への報告書に記述が見られ、翻訳された文書ではあるが、同時代のキリシタン史料が存在する。そこでこれらのキリシタン史料によって、兼定の幡多郡侵攻から四万十川合戦にいたる経過を見てみたい。

次の史料は、一五七五年九月十二日〔天正三年八月八日〕付で、イエズス会のパードレ・フランシスコ・カブラルが長崎よりポルトガルの管区長に送った書簡である。

【史料1】インド管区長への宣教師カブラル報告書（一五七五年）(4)

国王の婿にして甥に当たる土佐の王（一条兼定）は、謀叛起こりしため夫人なる王女とともに豊後の宮廷に滞在し、この三ヶ月間たえず説教を聴きて、種々質問および議論をなしたるが、我らの主のお許によりデウスの教のみが真なることを悟り、キリシタンとならんと決心し、しばしば洗礼を請ひたり。然れどもかくのごとき人につきては洗礼を延期することを可とするゆえに、更に十分了解するまで待つことを勧めたり。然るに予が豊後を去りて当肥後の国に来る必要生じ、彼は再び洗礼を請ひたれば、彼もし、病に罹るか或いはその国に還るの必要生じたる時は、パードレ・ジョアン・バウチスタに洗礼を授けることと定めたり。我等の主はその国の重立ちたる大身等が彼を招きて再び国を領せしめんとするにいたらしめ給ひ、彼は帰国することとなり、パードレに洗礼を請ひしことは、パードレ〔バウチスタ〕が予に贈りし書翰につきて見ることを得べし。我等の主が勝利を与え給わば、彼は全国をキリシタンとなすよう努力する決心なり。その国〔土佐〕は日本の大国の一つにして、彼に従ふ艦隊に乗込む時、諸船は、皆異教徒の旗を掲げしが、彼は国王ならびに諸大身の面前において、その船に十字架の旗を掲げ、他の旗を掲ぐることを許さざりき。我等は彼がすでにその国に着きて健全なりとの報を得たり。我等の主が彼に勝利を与へ、かの国を悉くキリシタンとならしめ給はんことを。

史料1によると、天正三年八月八日には、土佐の旧国主一条兼定が豊後府内において、受洗し、キリシタンとなったことが確認される。また、幡多の旧家臣より迎えがあり、所領回復のため帰国することとなったこと。それゆえ洗礼は肥後に巡察中のカブラルに代わって府内にいるバウチスタがおこなっている。

土佐への出陣にあたり、兼定は、大友宗麟や重臣たちの前で、キリスト教布教に努力する決意を述べ、船に十字架の旗を掲げ出陣したことがわかる。

次にキリシタン史料の「重立ちたる大身等が彼を招きて再び国を領せしめんとするにい

たらしめ」とある幡多の重臣達について、伊予の史料から見てみよう。

【史料２】一条氏諸大夫源康政感状(5)

今度、於新城戦功
無比類之旨、神妙之
至、近日　御進発之条、
可有御褒美者也、
乃執達如件
（天正三年）
八月七日　　康政（花押）
尾崎藤兵衛尉殿

史料2は、兼定の諸大夫、源康政署判の奉行人奉書で、予土国境に位置する新城（宿毛市錦）における戦功を認め、褒美を約束する感状である。宛所の尾崎藤兵衛尉は、御荘、勧修寺氏の配下の土豪であり、同じく勧修寺氏からと推定される天正三年八月吉日付けの知行宛行状が発給されている。

文言に「近日　御進発之条」とあることから、康政は近日中の兼定の渡海に先立ち、御荘、勧修寺氏の元にあって、南予の諸将を組織し、主君、兼定に先発して土佐に入り、このような感状を発給したと考えられる。

康政は署判の文書を多数発給しているが、発給の日付からこの文書は現存する最後のものである。豊後に追放された兼定が大友家の支援を得て土佐に出陣したことは、次の史料によって裏付けることができる。

【史料3】大友宗麟、義統連署状（6）

一条殿不図以御渡海土州表御行依被相催、加勢之儀度々承候条、至諸浦警固船之
事、申付候、乍辛労方角衆申談、別而以馳走自身乗船可令悦喜候、当月中可差渡
覚悟候之間、日限之儀、重々可申候、被得其意船誘之儀、聊不可有油断候、猶年
寄共可申候、恐々謹言、
（天正三年）
八月十二日　義統（花押影）
宗麟（朱印影1）
真那井衆中

【史料4】大友家加判衆連署状(7)

至土州、警護船可差渡す之由、兼日被仰付候条、舟誘等定而不可有油断候、仍従
彼表御到来之旨候条、来十三四之間、當浦江着津被請御下知、則渡海肝要之段、
被　仰出候、片時茂延引候而者、御気色難計候条、聊不可有緩之儀候、恐々謹言、

（天正三年カ）
九月八日

（朽網）
鑑康　（花押）
（志賀）
親度　（花押）
（田原）
親賢　（花押）
（佐伯）
惟教　（花押）

真那井衆中

史料3は、大友家の当主・宗麟と息子の義統の連署状で、（天正三年）八月十二日付けで発給され、宛所は真那井衆中となっている。真那井村は、国東半島の別府湾に面した港で真那井衆は、大友氏直属の水軍衆である[8]。水軍真那井衆に一条殿（兼定）の土佐渡海に加勢し警固船を出し、乗船させ当月中に渡海するよう命じている。次に史料4は、天正三年と比定する大友氏の重臣（方角衆）四名の連署状である。当主宗麟の「仰出」により、方角衆の連署状が真那井衆中宛に発給されている。九月八日付けで渡海の期日が「来十三四日之間」とあるので、この時四万十川合戦はまだ決着がついていない。したがって、四万十川合戦の決戦の時期は、九月中旬以後の事であろうと推察される。

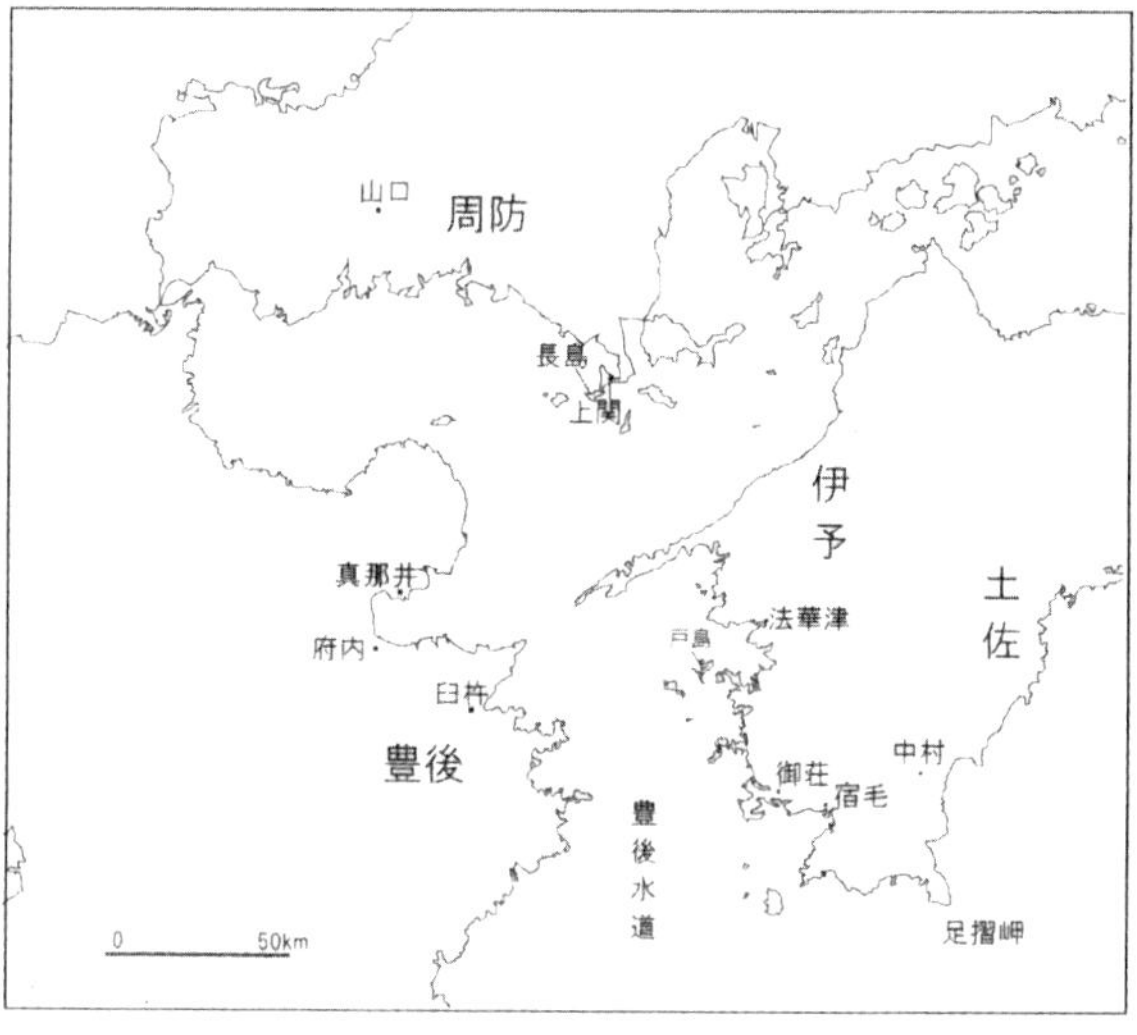

（図7）四万十合戦と一条兼定—天正三年

第二節　四万十川合戦と幡多の寺院勢力

中筋川と四万十川の合流地点にある香山寺山頂からは、四万十市街地や四万十川合戦の戦場となった四万十川鉄橋付近と兼定方の具同、栗本城および、四万十川をはさみ長宗我部方の中村、為松城を鳥瞰できる。香山寺は、足摺金剛福寺の寺領支配の拠点であり、中筋川と四万十川の水上交通の要衝・坂本に里坊が置かれていた。地検帳においても多くの「足摺分」が確認される(9)。金剛福寺を中心とする寺院勢力が兼定の幡多侵攻をどのように受け止めたのか、そして四万十川合戦にどのような役割を果たしたのか。キリシタン史料より考えてみたい。

次の史料は、一五七六年九月九日（天正四年八月十七日）付でイエズス会の宣教師カブラルが肥前国、口之津よりインド管区長に送った報告書である。

【史料5】インド管区長への宣教師カブラル報告書（一五七六年（10））

予は昨年の書翰に豊後の王の甥にして婿なる土佐の王〔一条兼定〕が、豊後においてキリシタンとなりしことを尊師に通信せり。この王は一人の家臣〔長宗我部元親〕が叛起せるためその国を逐われて豊後に滞在せしが、前の書翰に認めしごとく、その国に帰り、短期間に国を回復せり。（中略）我等の主はその国の大身等がその国を領せしむるため、人を遣わして彼を招くにいたらしめ給ひしがゆえに、直に洗礼を授け、彼はその国を悉くキリシタンとする決意をなして出発せり。その国に着きて、我等の主の御加護により短期間に全国を領し、暴君は多数の兵と共に守りゐたる主なる一城のみを有せり。王は我等の主が彼に与へ給ひし御恵を忘れず、甚だよき町に立派なるコレジヨを建つることを命じ、その町その他の地において五、六千クルサド〔一クルサドは銀四十匁に当たる〕の収入を得べき地を寄進し（11）、また、国内の主要なる町々には大なる家を建て説教をはじめしめたり。而して多数の重立ちたる者すでにキリシタンとならんとせしが、デウスの隠れたる裁断により、破滅の近づけるを覚りし坊主等が努力せしため、形勢たちまち一変し、王は一戦にお いて敵に破られて逃げ、味方の大身の城に入りたり。

史料5によれば、「その国に帰り短期間に国を回復せり」とあるので、八月上旬に伊予から土佐へ侵攻した兼定軍は、宿毛に進軍し、たいした抵抗もなく、旧家臣らに迎えられて平田や中筋を経て、具同・栗本城に至ったものと推定される。そして、四万十川をはさんで中村・為松城の長宗我部軍と対峙したものと想定される。

兼定軍の栗本城布陣から両軍が対峙し、決戦までには、両者の駆け引きがあったとすると、兼定の土州渡海が九月中旬であれば、四万十川合戦の時期は早くても九月中旬以後ではないかと推定される。史料5には「その国に着きて我等の主の御加護により短期間に全国を領し、暴君は多数の兵と共に守りゐたる一城のみを有せり」とあり、その間、兼定は占領した四万十川以西の地域において、コレジョ建設の指示や教会へ多くの土地の寄進を行い、さらに、キリスト教の布教を家臣たちに試みている。このような教会への土地の寄進や布教の開始等、キリシタンに対する兼定の性急な施策は、利害の対立する幡多の寺院勢力を刺激し、敵に回す事になった。

金剛福寺を始めとする幡多の寺院勢力は、旧来、幡多地域に多くの寺領を有し、村々に隠然たる宗教的支配のネットワークを持つ在地勢力でもあった。「坊主等の努力せしめたため」とあるが、寺院勢力の動向がその影響下にある兼定与同の旧家臣達に動揺を与えたことは明らかである。

「破滅の近づけるを覚りし坊主等の努力せしめたため、形勢たちまち一変し、王は、一戦において敵に破られて逃げ味方の大身の城に入りたり」とあるように、当初、兼定軍に有利に展開しているように見えた状況は寺院勢力の策動によって、形勢たちまち一変し、四万十川合戦の戦闘において緒戦で敗北して味方の城に逃れている。

一方、長宗我部氏は七月には東部の安芸郡甲浦までほぼ土佐全域を制圧しており、九月には土佐の中央からの幡多郡への援軍は比較的容易となっていたものと考えられる。四万十川をはさんで中村に集結した長宗我部軍の前に、兼定軍は、緒戦において敗退し、たちまちのうちに逃避行となったものと推察される。

第三節　長宗我部氏の宗教政策

キリシタン史料で四万十川合戦の勝敗に影響を与えたとされる寺院勢力と長宗我部氏の関係について、長宗我部氏の宗教政策から検証してみたい。

延喜式幡多三社の一つである黒潮町入野、加茂・八幡宮の棟札(12)には、「八幡宮大檀那吉良播磨守平親貞天正五年六月吉日藤原朝臣定次喜兵衛尉」とあり、四万十川合戦の二年後、中村城代の吉良播磨守親貞によって修造されている。

また、天正十一年三月の四万十町高岡神社の棟札（13）には、「金剛福寺院主権大僧都栄印／長宗我部秦氏　元親信親　東藤□□□／西原藤原貞清／窪川藤原宣秋／志和藤原□□／西　藤原□勝／大工喜多田（井）右衛門□」とあり、金剛福寺の末社（寺）である高岡神社が長宗我部元親・信親父子と窪川の国人五人衆により修造されていることがわかる。

また、幡多の寺院勢力の中心的存在であった金剛福寺との関係について考えると、天正十七年の『長宗我部地検帳』には、幡多郡内に「足摺分」の記載が多く見られ、金剛福寺の寺領が安堵されていることが確認される（14）。

このように、長宗我部氏は、一条家の所領であった幡多郡や高岡郡で自ら施主となって寺社の修造をおこない、寺領を安堵するなど旧来の寺社保護の宗教政策を行ったことが指摘できる。また、一方で幡多の寺院勢力は長宗我部氏に協力の姿勢を明確にしている。

後年のことになるが、天正十三年八月に秀吉に降伏し、土佐一国を安堵された元親は、翌年の天正十四年には、秀吉の命により、大友氏救援のため、豊後に出陣している。土佐勢は、戸次川合戦において島津勢に壊滅的打撃を受け、元親は敗走し、嫡男信親は戦死している。

長浜雪蹊寺にある位牌、「天正十四年十二月十二日於豊州信親公忠死御供之衆鑑板(15)」には、戸次川合戦の戦死者五百余名の名前が陰刻されているが、その中に、幡多郡の寺院関係の戦死者として、「足摺中間十人、円明院被官三人、極楽寺被官一人、観音寺被官一人、常足庵・慶通（陣僧）」が見える(16)。幡多郡の寺院勢力は、長宗我部氏の豊後出陣に多数が従軍し、軍役を果たしていたことが確認される。このことからも明らかなように、四万十川合戦の形勢を一変させた幡多の寺院勢力の動向の背景には、このような長宗我部氏の宗教政策があり寺院勢力との同盟関係の成立があったのではないだろうか。

第四節　キリシタン史料に見える兼定と「長島の城」

1　兼定の書状

四万十川合戦に敗れ、幡多郡を逃れた一条兼定がその後どのような逃亡生活を送ったかについて、キリシタン史料から考えてみたい。

つぎの史料には一五七六年九月九日（天正四年八月十七日付け）のカブラルの口之津よりの書翰である。カブラル宛の兼定の書状も引用されており、四万十川合戦後の兼定の心境についても窺い知ることができる。

【史料6】インド管区長への宣教師カブラル報告書（一五七六年）(17)

王は同所に在りて予が臼杵に着きたるを聞き、書翰を託して人を予がもとに派遣せり。書翰の訳文は左のごとし。

「尊師が下より帰られたるを聞き、この家臣を貴地に派遣して予がことを告げ予がためにデウスに祈られんことを請はしむ。尊師の出発後、わが臣下の者数人より使いを遣わして予を招き、再び入国する途開けたれば、尊師の手によりて洗礼を受けんことを望たるも待つこと能はず、府内のパードレに洗礼を授けんことを請ひたり。その後予が国に着きて、我等の主デウスの御助により、間もなくファタ〔幡多〕の城および町のほかは悉く占領せり。同所にはトソガミ〔長宗我部元親〕五、六千人とともに籠りゐたるが、これを守る見込みなかりき。予は我等の主のデウスより受けたる御恵を思ひ、パードレの当国に来るため直に会堂を建つることとし、これに大なる収入を永久に寄進し、国内の他の町々に大なる家を建て、説教を始めしむることとなしたり。臣下の多数は、予がキリシタンとなりし後、我等の主より大に保護を受けしを見て、キリシタンとならんと決心したれば、人を遣わして説教をなす者の派遣を請はんとせしが、この時意外にも形勢一変し、予は再び追い出されて今は長島の城に在り。今日までデウスに対し不平を陳べざりしが、これにかかはらず、何故にこの不幸起こりしか疑惑なき能はず。我等の主もし、予が罪人なるため、罰し給ひしとせば、敵異教徒にして、その君に謀叛を起こしたる者なれば更に大なる罪人なり。そのゆえに尊師に請ふところはこの疑惑を解き、また予一人異教徒の間に居るがゆえに、デウスのことに関する書籍を送付せられんことを。予一人なれども今日まで日曜日を忘れたることなし。当所に昔山口においてキリシタンとなりたるトビヤスという盲人あり、彼と語りて喜べり。我等の主デウスに予がために祈り、常に書翰を送り給へ。予もまたこれをなすべし。」

右の書翰に対して返書を送りて彼を慰め、デウスがしばしば最も愛する者に現世において艱難を与へ給ふことを述べたるが、彼はこれによりて慰められ、直ちに他の書翰を送り、すでに安心し少しも疑惑を懐かざれば、デウスに祈らんことを請ひたり。而してほとんど毎月書翰を携えたる家臣を臼杵に派遣せり。最近再び入国する

見込みあり。（後略）

史料6の兼定の書状は、天正三年の四万十川合戦の敗北後、間もなく、臼杵に滞在しているカブラル宛に逃亡先の「長島の城」より届けられたものである。

四万十川合戦の経過を報告し、現在の心境を述べており、文面からは、所領を失い、四万十川合戦の敗北と逃亡という逆境にあって、それを自らに科せられた神の試練として受け止め再起を期そうとする兼定の心情が窺われる。ところで、逃亡先である「長島の城」とはどこであろうか、兼定の書翰の文面に「当所に昔山口においてキリシタンとなりたるトビアスという盲人あり、彼と語りて喜べり」とあることから、大内氏の居館のあった山口からも比較的近い場所であろうと推定される。

「長島」が、島の名称であるとすれば、該当の地として、周防、長島の上関城の可能性を指摘したい。

上関城は、豊後水道から瀬戸内に抜ける要衝で、能島村上水軍（武満）が割拠し、通行の船舶から関銭徴収を行っていた。当時、能島村上氏はいずれの戦国大名にも臣従せず、豊後大友氏とも友好関係にあった（18）。

上関城がキリシタン史料に見える「長島の城」であったとすれば、長宗我部氏の追っ手の力の及ばない安全地帯でもあったと考えられる。大友氏の水軍、真那井衆や南予の水軍、法華津氏の支援を得て、兼定が再起をめざしていたことが想定される。

2　上関とキリシタン

兼定がカブラルに書状を送った「長島の城」の場所について、次の史料により考察したい。

『フロイス日本史』によると、イエズス会の副管区長コレリョ等一行は、上方および豊後を訪問するため、天正十四年正月十六日に長崎を出発し船で堺へ向かった。その途中、二月十八日、下関から、上関に向かい、上関で次のような事件に遭遇している。

【史料7】「副管区長が都と豊後を訪れるため下に地方を出発した次第」(『フロイス日本史』五八章(19))

(前略)同所(下関)から吾らは三十五里離れた別の港である上関に向かって出発した。司祭や修道士たちが、真夜中近くのことであり、船内の休息所に入って就寝していると、一隻別の船が我らの乗船の甲板の傍に横付けし、その(地の)城主の親戚にあたる二人の貴婦人が伴天連たちに面会に来ていると告げた。このような際に、帰ってもらいたいと言うことは日本の風習に反することであったし、また、船は天明の満潮を見はからってまさに出帆しようとしていたので、司祭と修道士たちは、(彼女たちに会うために)起床した。そして一本の蝋燭をともすと、非常に気品のある二人の老女が入ってきた。両人とも八十歳を越えているように見受けられた。彼女たちは　手にコンタツを携えており、後方には、ほとんど同年輩の二人の女中と彼女たちの家来で付き添いの一人のキリシタンを従えていた。彼女たちは（司祭に会うやいなや）顔を床につけ、両手を合わせ、我らの主（なるデウス）が、生前に司祭に会うことを得しめ給うた大いなる御恵みについて幾度となく感謝した。一人の修道士が、いかなる方かと訊ねると、彼女たちはこう答えた。「私たちは三七年前に、メストレ・フランシスコ伴天連様から洗礼を授かりました山口のキリシタンでございます。洗礼を受けてからまもなく、山口の国主大内殿が弑せられ給い、私どもは武士の娘でしたし、武士に嫁していましたので、夫たちが殺されました後には追放される身となりました。今日までキリシタンであります事を公言して来ましたので、多くの苦労と異教徒からの侮辱に堪えてこなければなりませんでした。でも私たちは決して信仰から離れるようなことはなく、つねにコンタツを持って祈り続けて参りました。（あの時）以後（他の）キリシタンの方々とお付き合いしたことはいっさいございません。今は、異教徒でありますが私たちの親戚にあたります（当地の）城主の庇護を受けお世話になっているのです」と。（中略）彼女たちは（我らの船に）同乗していたキリシタンや異教徒たち全員に感化を残した。

大内義隆は長門国大寧寺において天文二十年（一五五一）九月一日に自刃しているので、三七年前に、山口のキリシタンの女性が上関に逃れたのはこの時であろうと考えられる。それ以後、二人は、天正十四年（一五八六）まで、親戚の上関城主に庇護されていたことが確認される。当地の城主は上関城主村上氏のことであろうと思われる。また、今は異教徒とあるので、城主村上氏は、かつてはキリシタンに心を寄せていた可能性も考えられる。この事例から判断すると、上関城主村上氏はキリシタンに寛容な態度をとっており、天正三年（一五七五）九月中旬以後、四万十川（渡川）合戦に敗れ土佐を逃れた一条兼定が周防上関に一時逗留し、この地で山口のキリシタンの盲人トビアスと巡り会った可能性は高いのではないだろうか。以上の点から、臼杵のカブラルに送った兼定書状に見える「長島の城」は、周防上関城であろうと推定される。

第五節　元親の南予侵攻と兼定の戸島移転

幡多より逃亡した兼定は、伊予において、幡多への復帰の機会をうかがう内に、旧家臣の入江左近のために重傷を負ったことは、『土佐物語』等の軍記物語にも述べられているが、一次史料であるキリシタン史料によって事実関係を確認したい。

次の史料は、一五八二年二月十五日（天正十年一月二十三日）付けで、長崎よりパードレ・ガルパス・クエリョが送ったイエズス会宛の報告書である。巡察使ヴァリアーノらは、堺から豊後府内へ豊後水道を航海の途中、南予において一条兼定に面会している。巡察使ヴァリアーノの一行は、毛利が瀬戸内海を制していたため、堺より土佐沖をとおって豊後に向かい、一五八一年九月始めに堺を出発し、同年十月三日、（天正九年九月六日）に豊後到着しているので、パードレ・ガルパス・クエリョが兼定に面会したのは、天正九年の九月初旬であったと推定される。

【史料8】インド管区長への宣教師クエリョ報告書（一五八二年[20]）

ここでよき土佐の王ドン・パウロ一条殿〔権中納言兼定〕がパードレに面会して、大いに満悦したことを述べざるを得ない。この人は、六年前、その国より逐われた折に、豊後において洗礼を受けた。而して領国を回復することができず、土佐の境に在る異教の大身の領内に逃れて、家臣五、六十人とともに生活していた。パードレが同所を去る五、六レグアの所を通過した時、王のもとに人を遣わしたが、王はパードレがかくのごとき近く通過することを聞いて、直に小舟に乗って面会に来た。

（中略）王はすでに年老いたるのみならず、彼の国を奪った暴君〔長宗我部元親〕に買収された家臣の一人が、四年前、彼の睡眠中に傷を負わせ、生命を全うしたことが奇跡的で、眠る際手に持ちて祈ったロザリヨのお陰と思われた程であった故健康でなかった。暴君は、今、彼と和を結び、家臣等と共に生活するに十分なる収入ある一つの島を提供した。この条件は、承認し難いものであったが、彼は、これを承認して住民を悉くキリシタンとなす決心をした。

史料8には、兼定が法華津氏の領内で五、六十人の家臣と生活しており、四年前の暗殺事件により重傷を負ったこと、長宗我部氏との和議の条件として島への移住が示され、長宗我部氏との政治折衝が行われていたことがわかる。

『フロイス日本史』の第四二章「巡察師の長崎帰還について(21)」にもこの面会の様子が記述され「彼らはある浜辺で二、三時間あまりをともに過ごした」とある。「その際、兼定は、一人の修道士が、その地にとどまってくれるよう切に望んだが、その地の領主の一人の息子は、父親がそこにいないことを理由に難色を示したので、後日、一人の司祭と修道士を派遣することで話し合いがついた」とあり、その地の領主である法華津氏の息子が同伴しており、兼定は、この時点では、伊予、法華津に滞在していたものと推定される。

また、外傷を受けた時の状況についても詳しい記述がされている。「三、四年まえのことであるが、ドン・パウロが、夏に蚊帳の中で寝ていたときに、子供の時から彼が育てた彼の近習が、（ドン・パウロ）を（土佐）国から追放したかの暴君に買収され、（ドン・パウロ）を殺すなら多額の報酬を与えようと言われ、彼に過酷な傷を負わせた。その傷はあまりにも深く、（ドン・パウロ）がそれで助かったのは、奇跡に思えたほどであった。だが、頭全体を割られたので、甚大な害を被る結果となり、また、片腕が役立たなくなった。このため、彼は自ら、あと数年の命だと思いこんでいた。（が、事実そのように見えた）」とあり、四年前のことであるとすれば、入江左近の暗殺未遂事件は天正五年、夏のことである。

ところで、元親は、天正四年一月に高岡、幡多の兵を以て南予に出兵しているが、戦況ははかばかしくなく、南予にあって画策する兼定は目障りな存在であり、兼定の暗殺未遂は、このような状況打開のために決行されたのではないだろうか。しかし天正九年（一五八一）五月の予州三間の岡本城合戦では、南予軍代の久武親信が討ち死にするなど、南予攻略は容易には進捗しなかった。

このような時、『元親記』によると土佐では天正八年五月には波川玄蕃の謀叛事件があり、この事件に連座して天正九年には、大津御所・一条内政を伊予に追放したとされている。元親にとって、もはや影響力は失ったとはいえ、後方基地である幡多郡の旧領主・兼定が南予に存在することは、南予攻略上、大きな不安材料であったと考えられる。

『フロイス日本史』には「今では、かの暴君は、彼に和平を提案しており、その条件として、彼が領主の権利を放棄し、それに代わって彼が家来とともに十分生活できるだけの収入を付した一島を与える約束をする（と申し出ている）その条件は残酷なものだが、（ドン・パウロは）他に方法がないので、少し乗り気のようであった。」と記述されている。兼定への和平の条件とされた「彼が家来とともに十分生活できるだけの一島」こそ、兼定終焉の地となった伊予・戸島ではないだろうか。

戸島は宇和海に浮かぶ島の一つで、この地は土佐、伊予、豊後の力関係の上で中間の位置にあり、海を隔てて、南予における直接的な武力抗争の圏外にあった。兼定の戸島への移転は最終的にこのような政治決着の結果と考えられ、巡察使ヴァリアーノとの面談の後の事であろうと推定される。

第六節　法華津氏と使僧の役割

兼定の戸島移転以後、長宗我部軍は天正十二年八月に南予三間表に侵攻、深田の竹林院氏を下し、前年の冬に宿毛口から侵攻した長宗我部軍は、御荘、勧修寺氏を常盤城に攻め、天正十二年正月にこれを降伏させた。やがて、黒瀬城の西園寺氏も長宗我部氏に和を乞うに至ったとされる(22)。兼定の戸島移転を南予の戦況と法華津氏と長宗我部氏の政治折衝の面から考えてみたい。

【史料9】長宗我部元親書状(23)

今度西園寺殿御一致儀、併各御取成故候歟、令祝着候、於後々聊不有疎略之條、無御隔心御入魂所仰候、仍太刀一腰馬一疋進入之候、猶使僧可申達候、恐々謹言、
(天正十二年ヵ)四月十一日
卯月十一日　元親（花押影）
法華津播磨守殿
御宿所

史料9は、長宗我部元親より、法華津播磨守（範延）に充てた書状で、南予の旗頭である西園寺氏が長宗我部氏の味方になり、法華津氏がそれを取りなしたことについて、謝礼として太刀と馬を送り、後々まで疎略に扱わぬ事を約束した内容である。法華津氏が長宗我部氏と西園寺氏の和議の斡旋をおこない両者の調停を図ると共に長宗我部氏と誼を通じ自家の保全を図っていることがわかる。

法華津氏が以前より長宗我部氏との交渉のパイプがあったことは、先のキリシタン史料からもうかがえるが、兼定の存在こそはこのような政治折衝のパイプを維持するための切り札であったと考えられる。

ところで、この史料で注目されるのは、法華津氏と長宗我部氏の交渉の窓口としての「使僧」の存在である。僧侶は、中立の立場で対立する領国間にあっても往来のネットワークを持ち、比較的自由に移動できる存在として政治折衝に重要な役割を果たしている。

天正十二年頃、長宗我部氏の使僧として伊予新居郡の高尾城主金子備後守元宅と長宗我部氏の交渉の窓口となった岡豊、滝本寺の栄音が知られている(24)。ほぼ同時期であることから、史料9の使僧が栄音であった可能性が指摘できる。

法華津氏を窓口として南予の諸将と長宗我部氏の和議の交渉が進められており、その前提条件として、兼定の処遇について戸島移転が決定されていたのではないだろうか。かくして戸島は、兼定終焉の地となった。

第七節　兼定の最後

天正十三年六月には四国平定のため、秀吉軍が四国に渡海し、伊予においても長宗我部方との合戦が開始された。圧倒的な戦力の差に長宗我部軍の劣勢は戸島の兼定の耳にも届いていたのではないだろうか。しかしこの時、兼定の余命は幾許も残されていない。

『フロイス日本史』三三章「豊後国王が次男をキリシタンにした次第、および甥の土佐国主一条殿も受洗した次第[25]」には、「関白と長宗我部の軍勢の間で（上記の）戦いが行われていた当時、ドン・パウロは、相変わらず流謫（の身）にあって、天下の君が自分を連れ戻させ、かの（土佐）全国をキリシタンにするという自分の念願をかなえてくれるものと希望を抱いていた。（中略）関白と長宗我部の談判がまだ、締結をしないうちに、ドン・パウロは熱病を患った。そして、彼は無情な現世を離れ、我等の主なるデウスは、彼を永遠なる天国に迎え入れ給うた。」と見える。

動乱の最中、兼定は戸島において天正十三年七月一日、四十二歳の波乱の生涯を終えた。晩年は障害の身となり、孤立無援であったが、最後まで希望を失わずキリシタン信仰を支えに生き抜いた事は幸いとしなければならない。兼定の死より一月あまり後の天正十三年八月六日、元親は秀吉に降り土佐一国を安堵されている。

おわりに

本章は軍記物語等の編纂史料によらずキリシタン史料を中心に大友氏関係史料や南予の一次史料によって、四万十川合戦と一条兼定について考察してきた。その結果、兼定の幡多侵攻については源康政や御荘、勧修寺氏、法華津氏等の一条家旧臣や南予の国人達ばかりでなく、豊後の水軍真那井衆など、大友氏の支援があったことが明らかとなった。また、四万十川合戦の決戦の時期については、天正三年の九月中旬以後のことではないかと推定される。

四万十川合戦の勝敗には金剛福寺をはじめとする幡多の寺院勢力の動向が大きく影響し、寺院勢力は長宗我部方の勝利に貢献している。四万十川合戦は、幡多の寺院勢力にとってはキリシタンの旗を掲げた兼定に対し、神仏に敵対するキリシタンとの宗教戦争の側面もあったのではないだろうか。

兼定の活動範囲は南予のみならず水軍を駆使し豊後水道や伊予灘を股にかけて豊後や周防上関にまでおよんでいる。兼定の終焉の地となった戸島への移転は長宗我部氏の四国制覇の過程で南予諸将との政治折衝の結果、和議の条件によるものであったと推定される。晩年の兼定にとって幸いであったのは、信仰の拠り所であったイエズス会の教会がまだ豊後に存在し布教活動が活発に展開され、またキリシタンの後ろ盾である岳父大友宗麟が健在であったことである(26)と思われる。

秀吉がキリスト教徒を禁圧し、宣教師の国外追放を告げるのは、天正十五年(一五八六)六月十九日、同年五月二十三日の宗麟没後のことである。

註

(1)『土佐国群書類従』巻四傳記部、高知県立図書館、二〇〇一年

（2）朝倉慶景、「土佐一条氏の動向―一条兼定時代」『長宗我部元親のすべて』山本大編、新人物往来社、一九八九年
（3）秋沢繁、「織豊期長宗我部氏の一側面―土佐一条家との関係（御所体制）をめぐって」、『土佐史談』二一五号、二〇〇〇年
（4）村上直次郎訳『イエズス会日本通信』下、二九五頁、雄松堂出版、一九六九年
（5）「二六九一条氏奉行人奉書（感状）〔尾崎文書〕」、『愛媛県史資料編古代・中世』、一〇八七頁、愛媛県、一九八三年
（6）『大分県先哲叢書大友宗麟資料集』5、十七頁、大分県教育委員会、一九九四年
（7）「二四八四大友家加判衆蓮署状」、『大分県先哲叢書大友宗麟資料集』4、二五四頁、大分県教育庁文化課、一九九四年発行、編集後記に本資料の編年を、元亀三年より天正三年に訂正しており、それに従った。
（8）福川一徳、「宗鱗と水軍」、『大友宗鱗のすべて』芥川龍男編、新人物往来社、一九八六年

（9）拙稿「中世金剛福寺の勧進活動と幡多荘」、『佛教大学大学院紀要文学研究科篇第三十七号』二〇〇九年

（10）前掲書（4）三二六頁

（11）兼定が教会に寄進を約束した土地の収入、五千クルサドは、一クルサド＝銀四十匁とすると、銀二百貫目、（一万六千貫文）以上となり、その数字はほぼ幡多郡の土佐一条家の所領すべてに相当する。

（12）土佐国蠹簡集三九八、『高知県史古代中世史料編』、三三三頁、高知県、一九七七年

（13）『長宗我部元親・盛親の栄光と挫折』一六頁、県立歴史民俗資料館、二〇〇一年

（14）近世の地誌『南路志』によると「寺領往昔ハ八千石、長宗我部時代ハ三千石、慶長六年八月二十五日、自明神様百石、今之寺領是也」と記述され、近世には金剛福寺の寺領は百石に過ぎないが、中世には金剛福寺は広大な寺領を誇っていた。事実、中世後期には金剛福寺の寺領は最大となり、土佐一条家が没落し金剛福寺が衰退に向かう天正十七年（一五八九）でさ

え、『長宗我部地検帳』に掲載された金剛福寺の寺領、足摺分は幡多郡、高岡郡を合わせると二四〇町に及ぶ。

（15）前掲書（12）土佐国蠹簡集四七六、三五八頁

（16）足摺は金剛福寺、観音寺は古津賀の金剛福寺末寺、円明院は、中村の一条家二代房冬の菩提寺、常足庵は利岡にあり房家の息月山が開基の晋光院の塔頭、極楽寺は中村不破にあった寺院である。

（17）前掲書（4）三一七頁

（18）岸田裕之「人物で描く中世の内海流通と大名権力」、『海の道から中世をみるⅡ商人達の瀬戸内』、広島県立歴史博物館展示図録第１９冊、一九九六年

上関城は山口県熊毛郡上関町大字長島にあり、能島水軍村上氏の海関が設けられていた。この地は瀬戸内海の交通上絶好の立地条件にあり、上関海峡を通る船から帆別銭や荷駄銭を徴収し免符を発行した。明和元年（一七六四）、菅原神社の萩藩御舟手組頭の村上廣武奉納の石

灯籠銘文によれば、先祖の村上義顕（一四五八年没）が築城し、三男の吉敏が後を継ぎ、さらに孫の武満がこの城を守ったなどの由来が刻まれている。この神社は上関城の鎮守として城山にあったが寛延三年（一七五〇）現地に移設された。

上関城は天正十六年（一五八八）、豊臣秀吉の海賊禁止令により、能島、来島、因島の三島村上氏は海上支配権を失い廃城されたものと推定される。
（19）『フロイス日本史』⑪九州編Ⅲ二七頁、中央公論社、一九七九年
（20）村上直次郎訳『イエズス会日本年報』上、一一二頁、雄松堂書店、一九六九年
（21）前書（19）『フロイス日本史』⑩西九州編Ⅱ一九四頁
（22）「南予の戦雲」、『愛媛県史古代Ⅱ中世』、六七八頁、愛媛県、一九八四年
（23）前掲書（5）「二四〇九長宗我部元親書状［清家文書］」、一一五六頁
（24）津野倫明、「長宗我部権力における非有斎の存在意義」『海南史学』三九号、二〇〇一年
（25）前掲書（19）『フロイス日本史』⑦豊後篇Ⅱ、八五頁

（26）五野井隆史「大友宗麟の改宗と豊後教界」、（『日本キリシタン史の研究』、吉川弘文館、二〇〇二年）によると、宗麟は天正六年七月二五日に受洗し、豊後領内では天正十三年頃はキリシタンへの改宗事業が本格化したとされる。
五野井隆史、歴史手帖「琵琶法師と弦琴師」、（『日本歴史』第六六六号、吉川弘文館、二〇〇三年）によると、五野井氏は天文二十年（一五五一）にフランシスコ・ザビエルが山口で洗礼を授けたロウレンソ了西が盲目の琵琶法師で、イエズス会への入会を認められ、イルマン（修道士）となったこと、おなじく、イエズス会の同宿（伝道士）となった一人がトビアスで一五五一年に山口で洗礼を受けた盲人の琵琶法師であったと指摘している。琵琶法師でキリスト教に改宗した者はロウレンソとトビアスを含め少なくとも十三人が確認される。彼等はキリシタンの改宗事業で大きな役割をはたしたのではないだろうか。

第四章　中世爪白《つまじろ》の仏教文化と東小路《とうこうじ》氏

はじめに

土佐清水市爪白《つまじろ》は、足摺・宇和海国立公園内にあり、爪白海岸と海上に浮かぶ弁天島の美しい景観は、あたかも浄土庭園を思わせるものがある。爪白の村落の東西に一〇〇メートル余のまっすぐな道があり、道の両端の小丘上に釈迦堂と阿弥陀堂が向き合う形で建立されている。その周辺には、苔

（図8）―爪白の周辺地図

むした五輪塔や宝篋印塔の残欠等が多数見られ、両堂の建立が中世に遡ることを窺わせる。

近世中期・宝永年間成立の『土佐州郡志』には、爪白村は、「東南、海ニ接ス。西、川口限。北、三崎限リ。東西、五町許リ、南北、八町許リ、戸数、十七。」とあり、また、寺社は、「覚夢寺、村ノ西、居魔山ノ麓ニ在リ、浄土宗。釈迦堂、村ノ中ニ在リ。阿弥陀堂、村ノ西ニ在リ。弁財天、村ノ南、島上ニ在リ。蔵王権現社、村ノ西ニ在リ、八月二十五日祭。」との記載がされている。これにより、近世中頃には、爪白の覚夢寺・釈迦堂と阿弥陀堂、弁財天および蔵王権現が、ほぼ現在の位置に存在していたことが確認できる(1)。

また、『南路志』によると、近世末の爪白村は、地高百十石余、家数十三軒、人口百十八名、寺社は、蔵王権現、弁才天および、釈迦堂と浄土宗・中村・正福寺末の法性山覚夢寺(本尊地蔵)があり、阿弥陀堂は、「境内二有リ、堂破却ニ付、本尊、今、寺内ニ安置ス。」との注記がなされている(2)。覚夢寺は明治以後、廃寺となり本堂等は現存しないが、阿弥陀堂はその後、再建されて現在に至るものと考えられる。この釈迦堂と阿弥陀堂を中心に中世爪白の仏教文化とその歴史的背景について考えてみたい。

第一節　覚夢《かくむ》寺釈迦堂と阿弥陀堂

西面する小丘の釈迦堂に安置された釈迦如来立像は、桧材寄木造、像高８０・５センチ、頭髪は通常の如来の螺髪とは異なり、縄目に編み上げた形で、全身を覆う衣は、首まで深くまとい、衣文は、流水状に独特の並行線状で描き、大腿部にあたる所は蕨手文を相互に描き、裾は三段に重なっている。与願、施無畏の印相もかたくるしく、蓮華座に直立する姿である。この釈迦立像は、清涼寺式釈迦像といわれるもので、清涼寺の本尊を模刻したものである。覚夢寺像は原像の約半分の高さで製作され、室町期の作と推定される(3)。

清涼寺釈迦如来像は、平安時代・寛和二年（九八六）に東大寺の僧・奝然が中国から持ち帰った釈迦如来像で、一九五三年の修復の際に、布製の内蔵等と共に、胎内から発見された『入宋求法巡礼並瑞像造立記』によると、奝然は、宋の都・開封で、釈迦在世中にその姿を写したとされるインド伝来の「栴檀釈迦瑞像」を拝し、この像を中国の仏師に模刻させ、わが国に請来している。清涼寺釈迦如来像は、三国伝来の釈迦如来像として崇敬され、鎌倉期以降、さかんに模刻が行われており、爪白の釈迦如来立像もこのような信仰の広がりの中で造立されたものと考えられる（4）。

（写真12）木造釈迦立像（像高80・5センチ）

土佐清水市 覚夢寺所蔵

一方、東面する阿弥陀堂に安置された阿弥陀如来立像は、桧材、寄木造り、玉眼、漆箔、像高８０・０センチ、右手屈臂、左手は下にしてその第一、二指を捻ずる通形の来迎様の阿弥陀如来立像である。

（写真13）木造阿弥陀立像（像高８０センチ）

土佐清水市 覚夢寺所蔵

本像も、安阿弥様の衣文の様式の類型化が見られること等から、釈迦如来像と同じく室町期の制作と考えられる(5)。爪白の阿弥陀如来像の左手首には五色の糸が結ばれている。平安期の貴族たちは、臨終に際して阿弥陀如来像の糸の端を持って念仏しながら極楽往生を遂げたとされるが(6)、爪白阿弥陀堂の阿弥陀仏の糸は、実際の臨終の儀式に使用されたものではないにしても、当時の人々にも、この糸の端を持って念仏を唱えることは極楽往生の証として認識されていたのではないだろうか。

ところで清凉寺式釈迦如来立像は、管見の範囲内で清凉寺の原像から百余体が模刻され日本仏像史上に重要な位置を占める。覚夢寺釈迦立像は、原像の162・8センチに対して80・5センチあり、原像のほぼ2分の1の縮尺で制作されていることがわかる。また、覚夢寺阿弥陀立像は、像高が80・0センチで、釈迦立像とほぼ同寸法で制作されている。さらに両像は仏像が立つ蓮台の様式が全く同じであることから、二尊は同時期に制作されたばかりでなく当初より一対の仏像として礼拝する目的で制作されたものと推定される。

第二節　二河白道図と浄土信仰

次に東西一〇〇メートル余の道をはさんで対面する釈迦堂と阿弥陀堂の関係と意味を考えてみたい。西面する釈迦堂は、現世・娑婆世界であり、東面する阿弥陀堂は、西方極楽浄土を象徴する場所、すなわち極楽世界の中心に阿弥陀堂が存在すると想定される。娑婆世界の主尊釈迦は、往生者を西方極楽浄土へ発遣するために西面し、また、阿弥陀如来は往生者を極楽浄土へ迎えるために、東面しており、発遣釈迦と来迎阿弥陀の二尊は、遣迎二尊と呼ばれる。

ところで、唐の浄土教の開祖・善導の著した『観無量寿経疏』に「二河白道」の説話が挙げられる。「旅人（往生者）が現世（此岸）から極楽浄土（彼岸）への旅に出る。ところが人間の欲と怒を象徴する水の河と火の河の二大河に逢着する。この二大河の中央に清浄心をあらわす幅わずか四、五寸の一筋の白道が現世と浄土を結んでいる。旅人は左右の火と水にさいなまれつつ前進するが、東岸からは群賊・悪獣が追いせまる、しかし此岸の釈迦と彼岸の阿弥陀の声に励まされて白道を進み、ついに彼岸の西方極楽浄土に達する」という。

この説話の絵解きが「二河白道図」で、京都・光明寺所蔵の鎌倉期の同図等は、わが国独自の中世来迎芸術の展開を示す作例として位置づけられている(7)。

爪白の覚夢寺釈迦堂と阿弥陀堂は、清凉寺式釈迦如来像を発遣釈迦とし、五色の糸を持つ阿弥陀如来像を来迎阿弥陀とし、両堂を見通すまっすぐな道は、此岸と彼岸を結ぶ「白道」を象徴したものではないだろうか。

両堂の関係は、この「二河白道図」を、村落の景観の中に立体的に目に見える形で表現しており、西方極楽浄土への往生を希求する浄土信仰を象徴する宗教的な空間であろうと思われる。

第三節　『長元記』に見える爪白殿

爪白にこのような浄土信仰と仏教文化が移入された時期や、覚夢寺釈迦堂や阿弥陀堂を建立した人物等の歴史的背景について、『長元記』、『長宗我部地検帳』、『南路志』等を手がかりに考えてみたい。

『長元記』は戦国大名・長宗我部元親の土佐統一・四国制覇の過程を描いた戦記物語で、著者は以南の国人に系譜を持つ長宗我部家臣で、のちに肥後・細川家に仕えた立石正賀とされる。

近世初頭の万治二年（一六五九）の成立である。『長元記』に「一条殿御一族公家衆にハ東小路殿・西小路殿・入江殿・飛鳥井殿・爪白殿・白川殿他国へ退給フ(8)」とあり、一条家没落後、土佐を退出した公家衆の一人に爪白殿が挙げられている。爪白殿は、その呼称から、爪白の在地領主であろうと推定される。

爪白の名を冠して殿と敬称される一条殿御一族公家衆の爪白殿とは、いったいどのような人物であろうか。

『長宗我部地検帳』は、戦国期末の天正十七年（一五八九）から、豊臣秀吉に土佐一国を安堵された長宗我部元親が土佐国全土で実施した検地の結果をまとめたもので、土地一筆ごとに場所、面積、土地の種類（田・畑・ヤシキ等）、等級（上・中・下・下下）、土地の所有権（給・扣・作等）と所有者・耕作者等のほかに、幡多郡の地検帳には、土地の旧所有を示す「本〇〇分」の脇書があり、それらを検討していくことによって、検地以前の在地の状況を推定することが可能である。

爪白ノ村は、天正十八年（一五九〇）三月九日から十二日に検地が実施されており、その結果が「土佐国幡多郡爪白ノ村地検帳」である。爪白ノ村は、田・畑、屋敷等を含めて、合計一一二七筆の土地が記載され、総田数、十町八段余となっている(9)。そのうち、七十七筆、約六町九反余（六四パーセント）が長宗我部氏の直轄領である御直分とされている。

一二七筆のうち、七十筆に、「本東小路分」と脇書があり、これら東小路氏の給地のすべてが上地となり長宗我部氏の直轄地・御直分や散田分となっている。また、「本月分」と記載の三筆も、「本同分」の読み違いであるとすると、合計七三筆が「本東小路分」であると考えられる。

このような地検帳の記載から、長宗我部氏の検地が実施される以前、すなわち一条家支配の時代には、爪白ノ村は、東小路氏の所領であったものと考えられる。また、爪白ノ村地検帳には、爪白姓を称する人物は見当たらないので、『長元記』に見える一条殿御一族公家衆の爪白殿とは、爪白の旧領主である東小路氏の一族ではないかと推定される。

ところで、『土佐物語』や、『土佐軍記』、『南国中古物語』等、江戸時代になって編纂された戦記物語の中で一条家御一門衆として、「東小路殿」と並んで「爪白殿」の記載が見られるのは、唯一『長元記（長元物語）』のみである。

それは『長元記』の著者・立石正賀の出自が、以南の国人であるため、「爪白殿」すなわち爪白の旧領主・東小路氏に対する独自の認識があったものであろうと推察される。また、山田郷・入田の地検帳の脇書に「爪白分」と記載の土地が一筆存在する（１０）ことは、『長元記』に記載の「爪白殿」の存在を裏付けるものではないだろうか。

第四節　東小路氏の系譜

東小路氏とは、土佐一条家とどのような関係にあったのか、またどのような人物なのか考えてみたい。

戦国期、家領・土佐国幡多荘に下向した前関白一条教房の子、土佐一条家初代の房家は在国公家で、以南の国人・加久見氏を外戚としたことで知られる。公家身分は、殿上の資格を有する従五位下以上が諸大夫と呼ばれ、従三位以上が公卿であるが、房家は明応三年

（一四九四）に十八歳で正五位下に、永正三年（一五〇六）に、三十歳で左近衛中将・従四位下に叙任され、永正七年（一五一〇）に三十四歳で従三位に叙せられている。極官は大永六年（一五二六）五十歳で正二位・権大納言となっている[11]。

ところで室町期・戦国期の公家身分、諸大夫に相当する四位、五位の叙位者を記録した『歴名土台』に、天文十八年（一五四九）八月二十七日に従五位下に叙位・任官した土佐一条家関係の人物に一条教行があり、同じく九月五日には、一条教忠（教行男）が従五位下に叙位されている[12]。

教行、教忠が、土佐一条家庶流の東小路氏を名乗ったことは『清良記』その他により確認される[13]。教行は房家の男とされ、従五位下大蔵卿に叙位・任官しているが、『歴名土台』には、「(房家卿男) 同日、大蔵卿希代例也」との但し書きが見られる。

正二位権大納言・房家の男とあるにも関わらず、当時の公家社会の常識から「稀代の例なり」として教行の叙任が特別視されたのは、母親の身分が低かったのではないかと思われる。少なくとも公家の諸大夫身分の者の娘ではなかったのではないだろうか。

房家の夫人には、正室①日野資冬娘、側室②源惟氏娘、③五辻富仲娘の三人以外に④金剛福寺蔵土佐一条氏位牌群十九番位牌の「東小路殿の御母」とされる夫人が知られるが、教行の生母は④の女性ではないかと考えられる(14)。教行が、房家の側室で国人クラスの家柄の女性を母として誕生し、土佐一条家庶流の東小路氏を名乗ったことはほぼ間違いないと思われる。

『長宗我部地検帳』には、以南・爪白のほかに、山田郷・江ノ村周辺に多くの「本東小路分」の脇書が見られ、かつては東小路氏の所領があったものと推定される。

また、本郷・中村宮田小路の大円寺に続く場所に一反二十九代の「東小路分一覚分」の脇書のあるヤシキが一筆存在する(15)。『南国中古物語』には、「東小路殿、西小路殿ハ明城なく、宮田ノ南に屋形あり(16)」と見えており、ここが「東小路殿」の旧屋形である可能性が考えられる。「東小路分一覚分」の脇書からは、伊予・河後森城主となった東小路教忠との関係も想定されるのではないだろうか。次に爪白殿、爪白の旧領主、東小路氏と先述した東小路教行・教忠父子との関係についての徴証はないが、爪白ノ村地検帳の「本東小路分」の記載から、爪白殿が、少なくとも土佐一条家庶流・東小路氏の一族であることは間違いないものと推定される。

また、土佐一条家と爪白殿との関係について、爪白の地検帳に、土佐一条家三代当主・一条房基の菩提寺、光寿寺の寺領十四筆、一町六反余もの光寿寺分が確認されることは、両家の関係を裏付けるものであろうと推察される。

さらに『南路志』によると爪白の蔵王権現の棟札に「永正二年鎮守立申、願主加久見殿之女子東一」との記録がある(17)。

棟札の現存は確認できないが、この棟札によれば、蔵王権現が永正二年(一五〇五)に、加久見殿の女子を願主として建立されたものと思われる。また、「東一」号はその法名から、時衆尼僧の可能性が高いのではないだろうか。東小路氏の所領である爪白の蔵王権現が加久見殿の女子東一によって勧請されていることから、国人・加久見氏と東小路氏との間には婚姻関係等を含めた何らかの所縁があったと考えられる。これらの点から、爪白の旧領主・東小路氏は、土佐一条家初代房家の庶流で、諸大夫の身分を有する公家の一族であり、また以南の有力国人・加久見氏とも関係の深い人物であろうと推察される。

第五節　地検帳に見る戦国期末の爪白

天正十八年（一五九〇）三月九日～十二日実施の「爪白ノ村地検帳」の末尾には五人の役人の署名・花押と四人の杖打の氏名の記載があり、検地はこれらの検地役人によって厳格に行われたものと思われる。

そのため、地検帳は、天正十八年（一五九〇）三月十二日の時点の土地の所有関係を媒介として当時の在地の情報を極めてリアルに伝えてくれる。

地検帳は、検地を実施した順番に記載が行われているため、今に残る小字名と比較するとほぼその位置関係が特定できる。また、寺社については、場所が変わっていなければほぼ当時の景観を復元することが可能である。

現在、覚夢寺阿弥陀堂の南に、やや離れて金峯神社があり、蔵王権現が祭祀されているが、地検帳では、蔵王権現から覚夢寺まで、検地の順番に次のように掲載されている。

【史料1】「土佐国幡多郡爪白村地検帳(18)」

一所、権現宮、二間三間

ヤクラノ下、　同村（爪白之村）主作

一所、四十代弐分勺　上　覚夢寺分

シ□　同村（爪白之村）衛門左右衛門□

一ゝ（所）六代　上　権現九月九日田　御直分

同しノ上　　　　同村（爪白之村）　　新五良扣
一ゝ（所）　四十代　上　　　　同し（御直分）
同しノ上　　　　同村（爪白之村）　兵衛大良扣
一ゝ（所）壱反　下々　　　　同し（御直分）
同し　　　　　　同村（爪白之村）　右衛三良扣
一ゝ（所）三代弐分　切畑　　　散田分
覚夢寺々中　　　同村（爪白之村）
一ゝ（所）一反三十代　中ヤシキ　覚夢寺

史料1によると、村落の西の山麓に位置する権現宮から、覚夢寺々中にかけて、南から北へと七筆続いて記載されているが、二筆目の「ヤクラノ下」は、「ヤグラ」、すなわち物見のような施設があったものと推定される。

この周辺は、現在も、地籍図に「下矢倉」の小字名が残り、道路に面して水田より一段高く平坦な谷となっている。土佐一条家支配の時代に、蔵王権現から覚夢寺々中にかけてのこの山麓に、旧領主・爪白殿（東小路氏）の屋形があったものと仮定すると、屋形より南に現世利益を祈願する蔵王権現を配し、北に後生の極楽往生を託する覚夢寺・阿弥陀堂を配する形で寺社の立地がなされていたのではないかと思われる。しかし、天正三年（一五七五）の土佐一条家没落以後、すでに十五年を経過しており地検帳にそのような痕跡を確認することはできない。その付近は御直分や散田分となり、当時はすでに田や切畑として利用されている。シ□の六代の土地は「権現九月九日田」として、蔵王権現の祭礼の費用を賄うための田地となっていたのではないかと考えられる。

【史料2】「土佐国幡多郡爪白村地検帳(19)」

カクテシ寺中ノ辺リ　　　　同村（爪白之村）同し（本東小路分）主作

①一ゝ（所）壱反四十五代　上　覚夢寺分
（中略）
同し（三良夕）ノ南
②一ゝ（所）壱反十代　出二五代　中　阿弥陀仏供田
同村（爪白之村）同し（本東小路分）主作
覚夢寺分
□タトウ　同村（爪白之村）東小路分主作
③一ゝ（所）拾五代　下畠　民遊堂識
主作　覚夢寺分

爪白ノ村地検帳には寺院の所領が多く記載されており、爪白の総田数のおよそ二十パーセントを占めている。これらには、光寿寺分十四筆、（一町六反余）と覚夢寺分五筆、（六反余）が該当する。光寿寺分は、一筆以外、すべてが覚夢寺の扣地となっており、その管理は覚夢寺が行っていたものと考えられる。

また、覚夢寺分は覚夢寺寺中も含めて五筆あり、史料1の二筆の他、史料2の①～③の三筆を挙げることができる。史料2の三筆は本東小路分であるが、当時は覚夢寺分となっており、特に②は、阿弥陀仏供田である。いずれも主作となっており、覚夢寺が作職すなわち耕作権を有していたと考えられる。

また、③の「民遊堂識」は、地検帳原本との照合の結果から、「尺迦堂識」（釈迦堂職）ではないかと考えられる(20)。このことから、検地の行われた天正十八年（一五九〇）において、すでに釈迦堂が存在していたことが確認できる。

地検帳で見る限り、爪白の旧領主である東小路氏の所領は、すべて上地となり、長宗我部氏の直轄地・御直分とされているが、神・仏に寄進された阿弥陀仏供田など、寺領については旧領主・東小路氏の没落後も覚夢寺分として保護されていることがわかる。

ところで、史料2の三筆は、脇書に「本東小路分」とあり、「爪白殿」(東小路氏の一族)の所領のほとんどが御直分となる中で、この三筆分のみ覚夢寺分・主作となっている。三筆が元々東小路氏より覚夢寺に寄進されたものとすると両者には何らかのつながり、すなわち、覚夢寺は、旧領主・東小路氏の菩提寺であった可能性が考えられる。

また、覚夢寺・釈迦堂、阿弥陀堂が建立された時期については、覚夢寺の釈迦如来像、阿弥陀如来像の二体の仏像がいずれも室町期の作と推定されることや、蔵王権現が「加久見殿之女子」によって永正二年(一五〇五)に勧請されたとされること等から、両堂が室町期に建立され、近世期においても維持され信仰されていたものと推定される。

ところで、室町後期の東山文化の形成に大きな影響を与えた仏教文化には、禅と浄土信仰が挙げられている。当時の公家の日記等によると、後花園・後土御門・後柏原の三天皇のころ、(一四二八〜一五二六)すなわち東山時代は浄土宗の朝廷への接近は最高潮に達した時代であり、公家社会の人々は、旧仏教に帰依していたが、実際の信仰生活は浄土念仏の法門に傾くようになっていたとされ、朝廷や公家社会における浄土信仰の盛行が指摘されている(21)。

室町後期の土佐一条家の在国支配の時代には、幡多荘には一条家の縁をたよって、都より多くの公家や僧侶が下向し、また勧進聖の往来も盛んであった。中世爪白の浄土信仰はこのような都鄙間の交流によって爪白をはじめ以南地方全体に広まったものであろうと推察される。

第六節　検地以後の地域社会の変遷

『長元記』に土佐一条家没落後、「他国へ退き給う」とされる、「東小路殿」についての手がかりを、次の江ノ村地検帳に確認することができる。

【史料3】「土佐国幡多郡江ノ村地検帳(22)」

同(久木ノ村)旧万福寺分　東小路殿ゐ

ウワヨコタ　　　　　　喜兵衛扣

一ゝ(所)壱反　出四代弐分　　久　宗任　給

下

江ノ村は、四万十市中筋川流域にある集落で、江ノ村全体では一〇〇筆を超える「本東小路分」が見られる。これらの所領はすべて上地となり、長宗我部氏の直轄地や長宗我部家臣の給地として再編されている。史料3によると、その江ノ村の久木ノ村の一角、旧万福寺分の土地に「東小路殿ゐ」との脇書が見られ、没落した旧領主・東小路殿の姿を垣間見ることができる。

検地が行われた十六世紀末の土佐の地域社会の変動は、とりわけ旧一条家領の幡多郡において目まぐるしかったものと思われる。長宗我部氏の治世下、文禄・慶長の役（一五九二〜一五九八）には多くの幡多の国人達が朝鮮へ出陣している。

その結果、以南の有力国人・加久見氏も当主を失い、没落し、慶長二年（一五九七）、その所領は上地となり、散田分や長宗我部氏の直轄地として再編成されている(23)。

さらに、関が原の合戦後は、国主・長宗我部氏が没落し、慶長六年（一六〇一）には新国主・山内氏の入国が行われた。旧長宗我部氏の家臣団は四散し、山内氏家臣団による土佐の支配が開始されている。

このような過程を経て、中世以来、村々に蟠踞した国人たちの勢力は一掃され、在地領主のいない近世の村が形成されていったものと考えられる。中世から近世へと移行する激動の時代に、爪白殿すなわち爪白の旧領主・東小路氏が、その後どのように生きたのかは知る由もない。

おわりに

爪白の村落を東西に貫く道の両端に、二河白道の浄土信仰を象徴して対面して建立された覚夢寺・釈迦堂と阿弥陀堂、および、両堂の本尊である清凉寺式釈迦如来像と阿弥陀如来像は、中世の地方における浄土信仰と仏教文化を伝える県下でも類例のない貴重な文化財であると考えられる。

爪白は、室町後期に幡多荘を直務支配した在国公家・土佐一条家の庶流、来小路氏の一族が所領とした。戦国期末の『長宗我部地検帳』には、覚夢寺の寺中に阿弥陀堂、また釈迦堂が記載されている。爪白ノ村地検帳に記載された旧領主・東小路氏は、「爪白殿」と呼称されたように、爪白を所領とした在地領主であり、土佐一条家庶流、諸大夫の身分を有する公家の一族でもあった。そのために、中世の浄土信仰を伝える石造物や仏像など、特色ある仏教文化が育まれ、伝世されたものと推定される。

近世には、覚夢寺の寺領は失われたものと考えられるが、近世を通じ、覚夢寺は、爪白ノ村の人々の村落の共同生活と、信仰の拠りどころとして、村の寺庵としての役割を果たし存続したものと考えられる。爪白に中世の浄土信仰と仏教文化を伝える釈迦堂・阿弥陀堂と、室町期の二体の仏像が伝世され、今日においても人々に信仰され、地域の民俗行事[24]の中に根付いていることは大変貴重なことであると思われる。

註

（1）「幡多郡上巻ノ四十」爪白村、『土佐州郡志・下』三五七頁、土佐史談会、一九六五年
（2）『南路志』3郡郷の部（下）幡多郡（四）、五四一頁、高知県立図書館、一九九一年
（3）池田真澄『土佐の仏像』、四一頁、高知市民図書館、一九七九年、仏像の写真は前田和男氏の『私のメモ帳7』三〇六頁、凸版印刷、私家版、二〇一〇年より転載
（4）倉田文作『仏像の見方（技法と表現）』二四八頁、第一法規出版、一九七五年
（5）前掲書（3）、四四頁、同じく写真は前掲書（3）三〇八頁

（6）『栄華物語』によると万寿四年（一〇二七）藤原道長は法成寺阿弥陀堂で、九体の阿弥陀仏の前に北枕で西向きに伏し、阿弥陀如来の御手に結ばれた糸を手に、僧たちの念仏の中に、浄土を夢見て六十二歳の生涯を閉じている。

（7）村山修一『浄土教芸術と阿弥陀信仰』二〇九頁、至文堂、一九六六年

（8）『長元記』『土佐国史料集成・土佐国群書類従・巻四』二四五頁、高知県立図書館、二〇〇一年

（9）『土佐国幡多郡爪白村地検帳』、『長宗我部地検帳・幡多郡下の二』二五四頁、高知県立図書館、一九六五年

（10）前掲書（9）、「入田村」『幡多郡中』所収、三七五頁

（11）『土佐一条家年表』三七頁、小松泰編著、朝倉慶景監修、一九八五年

（12）湯川敏治編『歴名土台』、続群書類従完成会、一九九六年

（13）東小路教行は近世初期に書かれた土居清良の軍記物語『清良記』土居水也著・松浦郁郎校訂、

一九七五年十一月発行では、「一条殿弟の東小路法行」とされている（一八七頁）。また、その子の法忠は、伊予国・河後森城主・河原渕氏の養子となったとされる。永禄三年（一五六〇）日吉村・山王宮棟札写しには、「大旦那藤原朝臣兵部卿教忠敬白」とあり、永禄八年（一五六五）松野町・照源寺に与えた寺領安堵の掟書きには「教忠」との署判がされている。教忠が、土佐一条家庶流・東小路氏の出自であることが改めて確認される。矢野和泉『河後森城の発掘と歴史』、八重垣書房、一九九七年参照

（14）野沢隆一「足摺岬金剛福寺蔵土佐一条氏位牌群」『国学院雑誌』・八十七巻・四号、三五頁～四十頁、一九八六年

（15）前書（9）、「中村郷」『幡多郡中』所収、一五六頁

（16）「南国中古物語」、『土佐國群書類従』4、所収、八七頁、高知県立図書館、二〇〇一年

（17）『南路志3』五四一頁、高知県立図書館、一九九一年

（18）前掲書（9）、『幡多郡下の二』所収、一二五九頁

（19）前掲書（9）、『幡多郡下の二』所収、二五六頁

（20）地検帳の刊本には「民遊堂識」と翻刻されているが、私見では、「釈迦堂識」ではないかと思われた。この点を原本で確認するため、山内家宝物資料館のご協力により、歴史民俗史料館収蔵の『長宗我部地検帳』「爪白ノ村」原本の複写資料を提供していただき、地検帳原本の筆書きの崩し字について照合した結果、一字目については「民」と判読でき、また、二字目は、明らかに「遊」ではなく「迦」であると判読できる。しかし、「民迦堂識」では意味の上から無理があると思う。一字目については、解読上、「釈」は難しいと思うが、「尺」との判読はどうだろうか。あるいは、地検帳への記入の際に文字に錯誤があった可能性もまったく考えられないことはない。仮に一文字目が判読できなかった場合、「□迦堂識」であれば、現存する釈迦堂の存在から、「釈迦堂識」と想定することは容易である。一文字目、二文字目を原本で照合した結果、地検帳の記載は、「民遊堂識」とするより、「尺迦堂識」（釈迦堂職）と判断する方がより適切ではないかと考えられる。

（21）芳賀幸四郎『東山文化』七九頁、塙選書、一九六二年、『大東院寺社雑事記』六巻、文明十年（一四七八）三廿六日条に「一禁裏ニハ悉以念佛也、善道・一遍等影共被懸之」とあり、当時の朝廷の浄土信仰の盛行を伝える。
（22）前掲書（9）、『幡多郡中』所収、五九〇頁
（23）前掲書（9）、「土佐国幡多郡以南上地仕置地検帳」、『幡多郡下の二』五七九頁
（24）覚夢寺は無住で、釈迦堂、阿弥陀堂のみ現存する。釈迦堂で四月八日の潅仏会、二月十五日の涅槃会が、また、阿弥陀堂では施餓鬼会が八月十日頃に行われる。

補論1　爪白の石造物について

第一節　覚夢寺の石造物

二〇〇五年から二〇〇七年、高知大学の市村高男氏を研究代表者に「海運・流通から見た土佐一条氏の学際的研究」がおこなわれ、以南地域（土佐清水市）の石造物の調査の一環として、松田朝由氏による石造物の調査がおこなわれた。覚夢寺の石造物について、二〇〇七年に調査が行われている。その結果、爪白には、五輪塔、宝篋印塔、板碑、石仏等の石造物があり、石材は、花崗岩、砂岩と、一部凝灰岩が見られる。

石造物群の時期は、南北朝時代から室町時代後半が想定できるとされている(1)。とりわけ注目されるのが、使われている石材が、ピンク色のカリ長石を含む花崗岩が多く、兵庫県産の六甲花崗岩の可能性が指摘されている点である。これらは製品として土佐に搬入されたと推定される(2)。

砂岩製の石造物は、形態に六甲花崗岩製の強い影響が見られる。一五世紀後半からは、砂岩製石造物の大量生産が開始され、一六世紀段階の覚夢寺砂岩製五輪塔の形態は土佐一円に広がる形態ではなく、小地域性を形成する可能性があると指摘されている(3)。高知県内の石造物の調査結果と比較しても、土佐西部の中土佐町、四万十市・宿毛市、土佐清水市・大月町の三地域(土佐国幡多荘の範囲と重なる)は、鎌倉時代後期から室町時代前半期には、六甲花崗岩製石造物が大量に搬入され、中でも土佐清水・大月地域は、主要な搬入口であったのだろうと指摘されている(4)。

また、土佐清水・大月の石造物の特徴として、板碑、五輪卒塔婆という四国ではほとんど見られない石造物が集中して分布し、それに石仏を彫刻するという共通点があると指摘されている。このように、南北朝期から六甲花崗岩製の石造物が、上方より当時の幡多荘へ在地の人々の注文によって運び込まれていたことが確認される(5)。

第二節　爪白の仏教文化と都鄙間交流

中世爪白の石造物は、六甲の石材が加工されたのち水運によって搬入されたと推定される。石造物の存在は当時の幡多荘に中央との人や物の都鄙間交流を通じて土佐の他地域にはない独自の仏教文化が展開したことを物語っている。一〇〇メートルの道路を挟んで対面して建立された爪白の覚夢寺、釈迦堂、阿弥陀堂と清涼寺式釈迦像および阿弥陀像は浄土信仰の二河白道の教えと遣迎二尊を象徴している。また釈迦堂前には浄土信仰に関係した石造物（阿弥陀名号板碑）も見られ(6)、これらの特色ある中世爪白の仏教文化の伝播は石造物より南北朝期にさかのぼる可能性が考えられる。

金剛福寺本尊観音立像の胎内資料でも明らかなように金剛福寺第３期の回禄（火災）による堂舎の修造再建のため鎌倉期末から南北朝期はじめ頃、勧進活動が展開された。勧進聖には金剛福寺に止住する念仏聖たちがおり(7)、以南(土佐清水)地域を中心に幡多荘では勧進活動が盛んに行われたものと推定される。これら念仏聖の勧進活動は爪白の仏教文化と時期や地域が重なることから金剛福寺の勧進活動を展開した念仏聖たちと爪白の浄土信仰との密接な関係が想定される。これらの念仏聖たちの勧進活動と中世爪白の仏教文化との関係および幡多荘の浄土信仰の展開については今後の研究課題であろうと思われる。

註

(1) 松田朝由、「覚夢寺石造物の概要」「中世土佐における石造物の特徴と展開」『中世土佐の世界と一条氏』一六四頁、高志書院、二〇一〇年

(2) 前掲書(1)「石材について」一六五頁

（3）前掲書（1）一七三頁～一七四頁
（4）前掲書（1）「鎌倉時代後期～室町時代前半の地域圏」、一八三頁
（5）前掲書（1）「土佐清水市内の中世石造物のまとめ」、一七九頁
（6）爪白覚夢寺釈迦堂石造物は五輪塔、宝篋印塔、板碑、石仏で石材は花崗岩製と砂岩製と一部凝灰岩製が見られる。砂岩製板碑が一基あるが自然石塔婆の多い県内において整形された板碑はめずらしいとされる。この板碑は阿弥陀名号が刻まれており浄土信仰によるものであることが確認できる。（高さ約８０センチ）松田朝由、「高知県中世石造物の特徴と展開―土佐清水市内に所在する石造物の調査を中心として」『海運・流通から見た土佐一条氏の学際的研究』一四二頁、一四七頁、二〇〇五～〇〇七年度科学研究費補助金基盤研究成果報告書、研究代表者市村高男、西村謄写堂、二〇〇八年
石村喜英、『仏教考古学』雄山閣、一九九三年によれば、確認されている名号板碑は、埼玉二五三、大阪五三、奈良二七、徳島一五、京都一一、千葉七、栃木七、群馬六、秋田三、石川

二、佐賀一で、有無不明の県は大半以上に達している。爪白の名号板碑は土佐における数少ない事例であろうと思われる。

（図9）爪白釈迦堂南無阿弥陀仏名号板碑

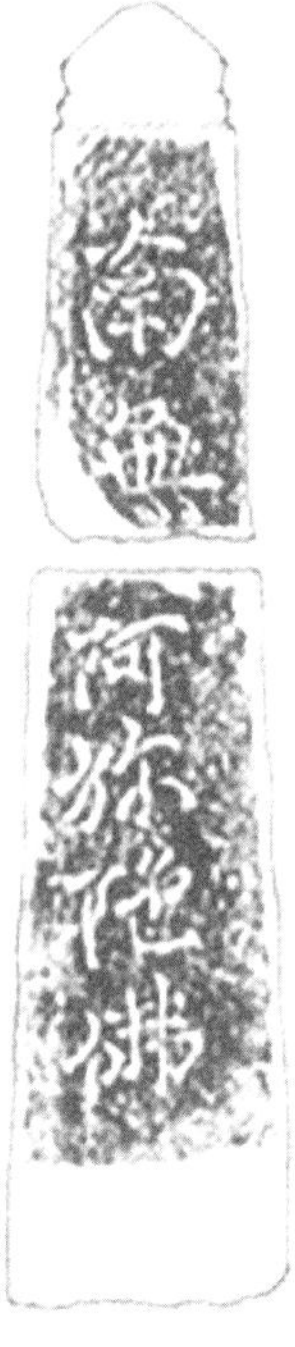

（7）拙稿第一部、第二章、補論「金剛福寺御本尊千手観音像胎内資料について」第三節、「僧侶の結縁交名について」、九八頁参照

第五章　中世幡多荘の世界と下田港

はじめに

四万十川流域は平成二十一年二月、流域全体が文部科学省の「重要文化的景観」に選定された。

中でも四万十市のある四万十川下流域は、伝統漁法や沈下橋のほか、四万十川河口の下田地区の景観が評価さ

（図10）昭和40年代の下田港

（5万分の１地図、「日本図誌大系四国」331頁）

れ指定されたものである。平成二十二年三月の段階で全国で一九件が重要文化的景観に指定されているが、重要文化的景観の指定にあたっては、見た目の美しさだけでなく、人間と自然との関わりの積み重ねが評価され選定されている。とりわけ下田に関しては、歴史的に昭和三十年代まで、薪炭など流域の物資が水運によって集積され関西方面に移出した港としての面影が随所に残されており、河口部独特の景観が評価されたものである(1)。

そこで本稿では四万十川河口にあって川と海の接点としての下田の位置と役割に着目し、『九条家文書』、『金剛福寺文書』、『大乗院寺社雑事記』、『長宗我部地検帳』等の中世史料をひもとくことにより、下田の景観の基層が形成された中世の歴史をたどり、土佐国幡多荘の世界と下田について思いをはせてみたい。

第一節　一条家領土佐国幡多荘について

鎌倉時代、土佐国は、摂関家一条家の知行国であった(2)。知行国とは、朝廷よりその国の支配が知行国主である摂関家や将軍家などの有力な公家や武家に任され、知行国主は家司をその国の国司に推挙でき、国衙領の収入をすべて自家のものとすることができた。土佐西部の幡多郡は知行国主・一条家の荘園で、建長二年（一二五〇）、九条道家より四男の一条実経に伝領された四十ヶ所の所領の一つである。

次の史料は、『九条家文書』で道家が遺産相続について書き置いた文書である。

【史料1】九条道家総処分状(3)

前摂政（一条実経）

（中略）

新御領

（中略）

土佐国幡多郡　本庄　大方庄　山田庄　以南村　加納久礼別符

（後略）

新御領とは、道家の時代に新たに九条家の所領となったものと推定され、幡多荘は、嘉禎三年（一二三八）の香山寺寄進状（金剛福寺文書）に、「土佐国幡多御荘本郷内」とあることから、すでに道家の時代に成立していることが確認される。幡多荘の領域は、幡多郡のほぼ全域（本庄・大方庄・山田庄・以南村）と加納として高岡郡・久礼を含んだ広範囲な地域で下田を含む四万十川下流域左岸は幡多郡本庄の領域であった。（序章第一節、図2参照）

第二節　幡多荘船所と横浜

鎌倉時代、一条家の幡多荘支配はどのように行われていたのだろうか。それを知る手掛かりとなるのが足摺の金剛福寺に伝来している『金剛福寺文書』である。四国の最南端、足摺岬に位置する金剛福寺は観音菩薩の霊場として知られ、荘園領主一条家の祈願寺院でもあったため、多くの供田を寄進され、寺領は万雑公事免除、殺生禁断・荘官・雑掌・甲乙人不入の地とされていた。

『金剛福寺文書』によると、一条家の家政機関である「政所」からは、現地の「預所」や「沙汰人・百姓等」に「政所下文」や、「御教書」などの荘園領主の意向を伝達する文書が発給され幡多荘の支配が行われていたことがわかる。

金剛福寺中興の祖として知られる南仏（慶全）上人の時代には、御荘安穏、五穀豊穣の祈祷などの寺院本来の宗教的な役割だけでなく、幡多荘の年貢の収納や京上等に末寺・香山寺や観音寺が関わっており、金剛福寺は社会経済的にも一条家の荘園支配を補完する役割を果たしていた（4）。幡多荘で年貢として収納された米やその他の産物は一旦、倉庫に収納され京都一条家まで運上されたが、都から遠く離れた幡多荘からの輸送手段は水運によるものであった。当時の年貢輸送について文永十二年（一二七五）の『金剛福寺文書』を史料に考えてみよう。

【史料2】某下文（船所職補任状(5)）

下　幡多本郷
定補船所職　〈付横浜〉事
　僧慶心
右於件職者、慶心重代相傳、于今無違乱云々、而給主得替刻、或有限得分令減少之、或就所職妨之、雖然於所職者當知行之上者勿論、得分事、任先例可被別宛于十三分之状如件、庄家宜承知勿違失、故以下、
　文永十二年三月　日　公文藤原（花押）

沙彌（花押）

史料2は、一条家の家政機関より幡多荘本郷への下文（命令）である。読み下すと「下す幡多本郷、定補す船所職、付けたり横浜の事、僧・慶心、右、くだんの職においては、慶心重代相伝、今に違乱なしとうんぬん、しかるに給主得替のきざみ、あるいは、有限の得分これを減少せしめ、あるいは所職についてこれをさまたぐ、然りといえども、所職においては、当知行の上はもちろん、得分のこと、先例に任せて十に三分別け宛らるべきの状くだんのごとし、庄家よろしく承知し違失するなかれ、ことさらにもって下す」と読める。

文永十二年（一二七五）三月に発給され、公文藤原と僧侶と思われる沙彌が連署している。文中の「船所」は本来、国司の移動や年貢貢納のため船を扱う国衙の役所として設置されたが、鎌倉期中ごろの幡多荘では、荘園の年貢京上のために荘官として設置されていたものと考えられる。

一条家の「下文」は、僧・慶心を幡多荘船所職に補任しており、僧侶が年貢輸送に関わっていたことがわかる。この職は、金剛福寺の末寺の僧侶に「重代相伝」され、給主（預所カ）が変わっても、先例通り「十に三分」すなわち、三割の運賃で年貢米等の搬送が請け負われ、「下文」はこのことを荘家すなわち荘園の年貢搬送の事務を行う荘官らに周知するよう命じた文書である。

船所は管内の船や水主の徴発権や四万十川下流域の水運の管理権を有していたと考えられる。

鎌倉期に幡多荘から京都の荘園領主・一条家まで年貢の搬送をおこなった幡多荘船所は、四万十川下流域にあったものと推定されるが、どこに所在していたのだろうか。近年の具同、中山遺跡や坂本遺跡の発掘調査の結果、四万十川と中筋川の合流地点に当たる中筋川左岸の中山遺跡に郡の荘倉的な建物跡が存在していたことがわかっている。また、香山寺山麓の坂本遺跡からは、里坊跡が発掘調査されており、『長宗我部地検帳』では坂本はすべてが金剛福寺の寺領である「足摺分」となっている。また「舟戸ヤシキ」等のほのぎが見られることから中筋川と四万十川の水運の結節点である具同坂本付近が幡多荘船所の置かれた場所ではないかと推定される(6)。

次に幡多荘船所職補任状に「付けたり横浜のこと」とある「横浜」は幡多荘船所が管理する四万十川河口部のいずれかの場所であろうと推定される。

ところで「横浜」は海岸部では一般的な地名だが、下田の水戸に「横浜」の地名が存在する。ここからは最近まで対岸の初崎との間を渡船が往来していた。江戸期末の古地図(「新収蔵古絵図展」県立歴史民俗資料館二〇〇五)の四万十川左岸河口、下田浦の青砂島付近に「ヨコハマ」の記載があり、また同地点付近は、天正十七年(一五八九)の『長宗我部地検帳』・幡多郡下田村において青サ島に一筆、「同し(青サ島)北川フチ　同(下田村)ハツザキ半兵衛作　／　一ゝ(所)壱反弐十代壱分　下畠　　足摺分」と、金剛福寺の寺領である「足摺分」の記載があることからこの場所が幡多荘船所職補任状に見える「横浜」と推定してほぼ間違いないのではないだろうか。

近世には下田は幡多西部屈指の浦であり、中村の外港として栄えるが、中世においても土佐国幡多荘から荘園の年貢を京上する幡多荘船所の所管する四万十川河口の港として役割を果たしていたものと考えられる。

第三節　中世水運の発達と幡多荘中村

中世の水運はどのようなものであったのだろうか。室町期までの日本の大型船は、準構造船と呼ばれる形式だったことがわかっている。準構造船は二つ以上の刳り船（丸木船）部材を前後に継ぎ合わせて造った船体の両舷に一～二段の舷側板をつけ耐波性や積載量の増大をはかった船のことである。

船上には客室となる屋形のほか一本の帆柱があり、莚製の帆がかかり、舷外には張り出しが設けられ、水主（土佐では「すいしゅ」と呼んだ）と呼ばれる漕ぎ手が座って櫓を漕いだ。櫓は六〜十二挺であり、帆は、追い風を利用するだけの初歩的な構造で、推進は主に櫓によった(7)。

『延喜式』によると土佐国府から租税を運ぶために要する標準日数は平安京まで海路で二十五日とされていた。悪天候や風待ち、潮待ちのため、港に長時間停泊することが計算されていたためである。

「土佐日記」によると、紀貫之は、浦戸から淀川河口まで三十八日かかっている(8)。幡多荘からの年貢輸送にはさらに多くの日数が想定されていたと推定される。

幡多荘船所の船は、下田より沿岸沿いに久礼、須崎、浦戸と櫓櫂と帆走によって航行し、紀貫之の時代と同様に土佐湾から阿波、淡路をへて大阪湾に至り、淀川を遡上して大山崎に着岸、京都までは馬借や車借等の陸送によったものと考えられる。

このようにして水運により幡多荘の産物は荘園領主である一条家に京上されたが、南北朝期以後は市場経済の発達の結果、銭貨や為替による取引きが活発となり、銭や為替による年貢の京上もおこなわれるようになっている。商品経済が発達した鎌倉期末や南北朝期には、幡多荘においてもこのような荘内の商品売買が行われる市場が開設されていたものと推察される。

正安二年（一三〇〇）の金剛福寺への奉加官米を幡多荘の村々に割り当てた左大将家政所下文（金剛福寺文書）には、具同村や敷地村と並んで中村が見える(9)。（序章第一節、図２参照）

地理的条件により市場が開設され、幡多荘の荘園経済の中心的村落になっていったのが、四万十川と後川の両河川に挟まれ四万十川流域の水運と交通の結節点であった中村ではないだろうか。

第四節　一条教房の土佐下向と幡多荘直務支配

室町幕府の支配体制が確立し、守護によって荘園からの年貢の運上が保障されていた時代には、幡多荘の荘園領主である一条家の当主が幡多荘まで下向することはありえなかった。ところが応仁の乱（一四六七年）によって幕府の力が弱体化し、戦乱が拡大すると、地方の荘園から中央への年貢京上は途絶えた。また、京都は荒廃し、一条家の人々も、京の屋敷は焼失し、一族は奈良の興福寺の大乗院院主であった尋尊をたよって疎開をしている。地方からの年貢京上が途絶えた以上、当知行を維持するためには、荘園領主自ら在地に赴き、直接荘園を経営する以外に方策は無かった。

幸い土佐は管領細川勝元の領国であり、比較的治安が確立され、領国への下向が可能であったため、細川氏被官で高岡荘の国人大平氏（土佐市宇佐）の便船によって、応仁二年（一四六八）九月二十六日、前関白一条教房は夫人や家司、下僕等を伴って幡多荘の直務支配のため、土佐へ下向している。

これらの経過は教房の弟の尋尊の日記『大乗院寺社雑事記』（以下『雑』と表記する）の記事によって知ることができる。宇佐から幡多荘への経路は記されていないが、幡多荘への到着の知らせは、幡多荘山田郷の中ノ坊という僧侶が奈良興福寺の尋尊の元まで手紙を持参している。（『雑』応仁二年閏十月六日条）

近年発掘調査された坂本遺跡の寺院跡で金剛福寺末寺香山寺の里坊が「中ノ坊」であることから、（金剛福寺文書によると、当時の具同村は山田郷に位置づけられている）教房一行は、沿岸伝いに下田から四万十川を遡上し、坂本の香山寺・里坊「中ノ坊」に落ち着いた可能性が大きいのではないかと推定される。そして、幡多荘の経済的な中心となっていた村落、「中村」に中村館（幡多御所）を建設し、幡多荘の直務支配に着手している。

（『雑』文明元年五月十二日条）

第五節　下山の材木で再建された京都一条邸

幡多荘の直務支配に着手した教房が早々に家領の回復に取り組んだことが次の史料から窺われる。

【史料3】『大乗院寺社雑事記』文明元年八月十一日条（10）

（前略）
一、土佐より御音信下山事自伊予国押領、色々御計略如元御知行云々、中村闕分事御知行云々、五月七日御書今日到来、勧進聖御事伝也（後略）

文明元年（一四六九）五月七日に教房は、勧進聖に尋尊宛の書状を託しており、八月十一日に届けられていることがわかる。

それによると、伊予に押領されていた下山（現在の四万十市、西土佐）を色々の計略により取り戻し、中村闕分、すなわち中村の土地も知行を取り戻したことを報告している。とりわけ、豊かな森林資源を有する下山の知行回復は経済的にも重要であった。

次の史料は『大乗院寺社雑事記』文明十一年（一四八一）三月二十三日条で下山の材木に関する記事である。

【史料４】『雑』文明十一年三月二十三日条

家門造営用下山材木、自土佐御所、和泉堺ニ被付之云々、

御注文分

一丈三尺柱　三十本　四六云々

八尺柱　二十本　土居シキヰ用云々

ケタ　一本　四ヒロ

ヌキ　　　五十木　二間木
板　　　　五十枚　三ヒロ
　　　以上百十本　板五十枚
　　　文明十一年正月十八日

一条教房が応仁の乱で焼失した一条家の邸宅の再建のために文明十一年（一四七九）一月十八日付けで幡多の材木を泉州堺へ送ったことがわかる。

「下山」は、四万十上流の四万十市西土佐地区で、下山で産出される檜や杉等の材木は、筏に組んで流され、下田において注文によって柱や板などに加工されて船に積載され搬送されたものと推定される。

室町時代には、大鋸という縦引きのこぎりが明国より伝来し、柱や板の加工が容易となったため(11)、山林資源に恵まれた土佐では、木材が以前にもまして重要な産物となった。

下山の材木は、教房の土佐下向のルートを逆にたどり、下田から久礼、須崎、浦戸、奈半利、室戸、甲ノ浦から紀州灘を経て泉州・堺へ搬送されたものと推察される。（序章第一節、図1参照）

注文の日付が、文明十一年正月十八日で、材木の堺到着の記事が三月二十三日であるので、下田より堺まではおよそ二ヶ月を要している。

この材木は翌年の文明十二年二月まで堺で畠山氏（義就）に差し押さえられており、尋尊はその解決のため、畠山氏に書状を送るなど尽力している。（『雑』文明十二年二月九日条）堺からは淀川を河川水運で山崎まで運び、山崎から京までは陸送されたものと推定される。

ちなみに、一条邸再建のため、尋尊等一条家の子弟一〇人は合計三十八貫文の費用を援助していることがわかる。（『雑』文明十九年二月四日条）応仁の乱の焼亡以来一条家の悲願であった京一条邸の再建は、教房の猶子となり一条家を相続した末弟の冬良によって、二十年ぶりに文明十九年三月二十九日に落成している。教房が下田から下山の材木を送ってから八年後、一条冬良の新居となった一条邸は、三十坪ほどの屋敷であった。(『雑』文明十九年三月二十八日条)

十五世紀には南海道の材木需要が増加し、兵庫を経由せず南海路から堺津へ材木が輸送され、淀から京へ搬送され、特に応仁の大乱後は、土佐国の中西部から杣取・積み出された榑材(12)が堺に大量に集積されたとされる(13)。

一条邸建設のための幡多荘からの材木の輸送はその事例を示すものであろう。教房の幡多荘の支配を受け継ぎ、地域権力としての土佐一条家を成立させた房家の時代には、これら幡多の木材により外洋航海を目的として大型の構造船と推定される遣明船を建造しており、この船で大阪本願寺修造材木の搬送を申し出ている(14)。これらも又、下山の材木を製材し下田において造船されたのではないだろうか。

『長宗我部地検帳』において幡多には船番匠の多さが特筆されるが(15)、それはこのような歴史的事実を前提としたものと推定される。

第六節　長宗我部地検帳にみる戦国期末の下田

幡多郡下田村の検地は、天正十七年（一五九〇）十月五日から九日まで行われている。下田村全体で六〇町三反余の面積のうち、四万十川の中州等の荒れ地が二八町四反余あり、利用地の三一町九反余のうち、地目は、本田二町七反余、下田三町四反余、中畠三町二反余、下畠二〇町余、上屋敷六反余、中屋敷一町余、下屋敷七反余となっている。

当時の下田の様子を『長宗我部地検帳』から見てみよう。

【史料5】土佐国幡多郡本川下田村地検帳（16）

合天正拾七〈己丑〉拾月五日

馬コヱ　　　　　　　　　下田村

一所五代〈出八代五分下々〉江口右大夫給

（中略）

舟トヤシキ一反地　　同（下田村）八良左衛門居

一〃（所）四拾七代五分　上屋敷　水主給

江口出雲扣

船トノ土居　　　　下田村　主居

一〃壱反参十代四分　上ヤシキ　江口出雲給

ヒロ畠　　　　　　同　十良太良ゐ

一〃（所）弐十九代三分　中屋敷　水主給

内参代材木屋

同し南　　　　　　同　助左衛門居

一〆弐十代　出弐代三分　水主給
中ヤシキ
同し南　同　与三左衛門居
一〆弐十代　出拾一代　水主給
中ヤシキ
同し南　同　善九良居
一〆弐十代　出四代一分　水主給
中ヤシキ
クシヤシキ　下田村　市衛門居
一〆弐十代　出壱代　水主給
中ヤシキ
同し南　同　次良助左衛門ゐる

一ゝ弐十代　出弐代三分　水主給
中ヤシキ
コヤシキ　同　助六ゐる
一ゝ壱反　出拾代　水主給
中屋敷
クシフン　同　善六ゐる
一ゝ五代　出拾六代三分　水主給
下ヤシキ
南宗庵　同　坊主ゐる
一ゝ五代　出九代四分　散田分
下屋敷
南宗庵ノ上　下田村南宗庵扣

一ゝ弐十代　下々山畠　散田分
ヲキフン　同　善十良居
一ゝ参拾代　出拾二代　水主給
中屋敷
同し南　同　善五良ゐる
一ゝ四拾代　出弐代四分勺　水主給
中ヤシキ
コヤシキ　同　与太良良ゐる
一ゝ四拾代　出三代　水主給
中屋敷
内拾七代田分
カチヤシキ　同　助兵衛居

一ゝ弐十九代三分　下屋敷　□□市丞給
カチヤシキ内外　下田村
一ゝ参十代　出六代三分　□□市丞給
（中略）
木船谷　同（下田村）
一ゝ四拾代　出一反弐十代　江口出雲守給
中　木船大明神神領
（中略）
下田村
一ゝ弐代　木船大明神
（後略）

現在の弘田邸跡付近と推定される船ト屋敷から川沿いに南へ続く屋敷地には長宗我部氏の給人で土豪の江口出雲守の船トノ土居があり、一反三十代の上屋敷で主居となっている。「船ト」は船が係留できる船着き場と想定されるので、江口出雲守の土居は、川から屋敷の中まで堀を引き込み、荷物の積み込みや人の乗り降りができる構造になっていたものと推定される。江口出雲守の土居に続いて字ヒロ畠の中屋敷に「内三代は材木屋」の脇書が見える。下田へ搬送した下山の材木の倉庫と想定される。続いて二十代ほどの水主給の居屋敷が二四筆あり、江口出雲守の指揮する船に乗り組む水主達の屋敷であろうと推定される。その中ほどに鍛冶の市丞の屋敷や江口氏の菩提寺、南宗庵が見える。南宗庵には「坊主ゐる」とある。それに続く木船谷には木船大明神（二代）が鎮座しているが、木船大明神の神領一筆（四拾代　出壱反弐十代　中）は江口出雲守給となっている。船トノ土居から木船明神の社付近まで、山裾に水主達の屋敷と鍛冶屋敷、寺院が続いている。このように『長宗我部地検帳』から見た戦国期末の下田はすでに山裾に沿って海運を担う水主達の居住する村落が形作られており、このような『長宗我部地検帳』にみえる中世の村落の基層の上に近世の下田の町が形成されたものと考えられる。

第七節　不破八幡宮神事の一宮神社神輿船渡御と下田

四万十市不破鎮座の不破八幡宮は、一条教房が幡多荘へ下向した際、山城国石清水八幡宮を勧請したものとされるが、実際には、正嘉二年（一二五八）七月二十四日付け預所前備中守中原朝臣署判の幡多本郷下文（第一部第一章、第二節、史料4参照(17)）に供田として「八幡宮免田参反」の記載があることから、少なくともそれ以前より本郷内に八幡宮が勧請されていたものと推定される。

不破八幡宮は幡多の総鎮守としての伝統を持ち、信仰圏は幡多郡一円に及んでいる(18)。

不破八幡宮大祭は旧暦八月十五日（十月十日）に行われ、不破八幡宮の神と一宮神社女神との神婚神事・一宮神社神輿船渡御を中心とする神事は「神様の結婚式」として知られている。

一宮神社神輿船渡御は四万十川河口部右岸に鎮座する一宮神社に祭られている椎名御前、鉾名御前、徳益御前の三女神の中で不破八幡宮に船渡御する神を神籤によって決定し、神輿を七・二キロメートル上流の八幡河原まで遡上して船渡御を実施する。(図11参照)

伝承によると、この神事は一条氏が当時の略奪結婚の蛮風を戒め、婚儀の厳粛な様を知らしめるため始めたものとされるが(19)、民俗学的にはさまざまな意義づけがされている。

野本寛一氏は『四万十川民俗誌』の「四万十川感潮域の祭り」において、「不破八幡の男輿と一宮神社の女輿の輿かき棒の先端を突き合わせるという行為は、神の結婚、交合を象徴すると同時に万物の交合とそれゆえの豊穣を象徴している。毎年神籤によって嫁となる一宮神社の三女神は豊穣をもたらす女神ということになる。不破八幡宮の信仰圏で農を営む多くの人びとは、この神事に、神婚、人の結婚・作物の豊穣を重層させて眺めていたにちがいない。」と指摘されている（20）。

ところでこの神事で一宮神社の神輿の船渡御に奉仕するのが下田地区の人たちである。現在は下田地区の御座船担当は、松ノ山、下田下、水戸、串江の四組が輪番となっているが、戦前は青年たちの漕ぐ早船三艘がひき舟として活躍した。早船は、櫂十六丁二十人乗りの和船で水戸、串江、下田の青年団が管理した。

下田地区の人たちの一宮神社神輿船渡御奉仕について、野本氏は民俗学の立場から、「中村・不破八幡宮を中心とした幡多地域の中における下田の地域的特徴、役割分担が象徴的に語られている。下田の人々は経済の上で、造船・航海・舟運等において重要な役割をはたし、その実力をそなえており、その力が信仰空間および信仰組織の中に反映されたのがこの伝承の一つのポイントである。また、いま一つ、船戻しの伝承には不破八幡宮の祭日が旧暦八月十五日で台風シーズンに当たっていることが関わっているように思われる。（21）」と指摘されている。

このように下田の人々が一宮神社の船渡御の御座船とその漕役を勤めるようになった伝承として、近世に書かれた『八幡大神一宮大明神合祭筆記』の一宮大明神御船艫之餝并御旅次第には、「いさば一艘、こぎ船弐艘下田浦より。但し、宝永四亥年大変之節迄御神船有之。大潮に流、山路沖迄参候所、船中ニ白衣着けたる人ともへりへ走り廻り、元の所へ漂着いたし候を何れも見し候。その後御神船として、いさば下田浦より出し申し候。」とあり(22)、宝永四年(一七〇七)の大地震の津波によって神船が山路沖まで流されたが、(神慮により)元の所へ漂着し、その後下田浦より神船が出され、神輿の渡御が行われていたことが確認できる。また、動力船がなく櫓櫂によって船を漕いだ時代にあっては、川の流れに逆らう形で河口部から不破まで遡上する一宮神社の御座船は、大潮のさし潮時でなければ遡上が困難であった。そのため不破八幡宮の神婚神事の日が旧暦八月十五日と定められていたのも大潮の日がえらばれたためであったと推定される。

（図11）戦国期幡多荘（四万十川下流域）の寺院と神社

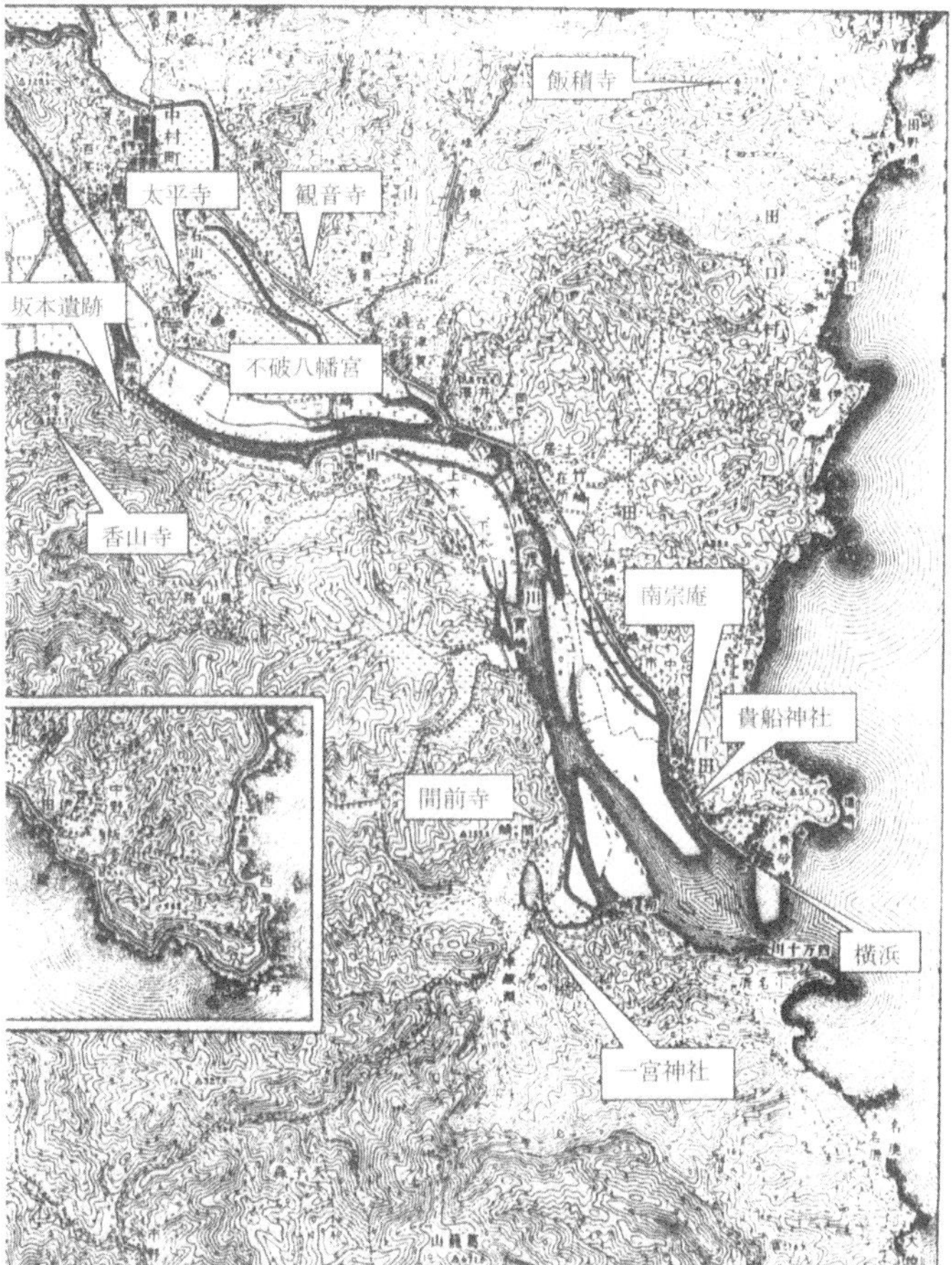

図1 【5】大用・中村・上川口（明39測）

明治３９年測量５万分１地図使用（『日本図誌体系四国』３２７ページ参照）

第八節　一宮神社神輿船渡御神役の歴史的背景

不破八幡宮大祭の「神様の結婚式」の神事と一宮神社神輿船渡御の神役に奉仕する下田の人々の役割を概観したが、一宮神社と下田の関係について『長宗我部地検帳』を史料にその歴史的背景について考察したい。

史料5で明らかなように、戦国期末の下田は水主（すいしゅ）と呼ばれる漁民、水上交通に携わる人々の村落が形成され、各々「水主給」として平均二十代ほどの屋敷が給されていた。これらの屋敷に居住する水主には、「水主役」として「公事」すなわち夫役等が課せられた。その夫役とは、幡多地方の物資を長宗我部氏の城下へ運び、あるいは

（表3）長宗我部地検帳真崎之村一宮神領

1	石ハシニシ		5代	出　16代	下屋敷	一宮分		
2	窪ヤシキノニシ		20代	出　34代	中	一宮領	江口出雲給	
3	コウタ	4反	30代	出1反　3代4分	下	一宮領	江口出雲給	
4	コウタノヒカシ	1反		出　13代	下	一宮領	江口出雲給	
5	ハリ木	1反		出　16代3分	下	一宮領	江口出雲給	
6	茶堂床ノ後		40代	出　16代3分	下	一宮領	江口出雲給	
7	茶堂ノ北大前ヤシキ		20代	出　41代2分	中屋敷	一宮領	江口出雲給	内47代2分田
8	同所口口口懸ケテ		25代	出1反18代	中屋敷	一宮領	江口出雲給	
9	同所ノ北東		10代	出　41代4分	中屋敷	一宮領	江口出雲給	
10	同所ノ北		15代		中屋敷	一宮領	江口出雲給	右近左衛門居
11	同所ノニシ		20代	出1反11代	中屋敷	一宮領	江口出雲給	源五良居
12	木ノ下内		10代	出　43代	中屋敷	一宮領	江口出雲給	
13	田中		15代	出　42代	中屋敷	一宮領	江口出雲給	
14	ニイヤ		20代	出　31代	下屋敷	一宮領	江口出雲給	
15	神主ヤシキ		25代	出　45代	下屋敷	一宮領	江口出雲給	
16	ミノコシ		30代	出　32代	中	一宮領	江口出雲給	源五良扣
17	ト井ヤシキ		13代5分		下屋敷	一宮領	江口出雲給	
18	ト井ヤシキシシカチヤシキ		25代	出　18代	下屋敷	一宮領	江口出雲給	弥介居
19	ニシノハシノ東	1反	35代	出　18代1分	下屋敷	一宮領	江口出雲給	
20	カドグチ	1反		出　36代5分	下屋敷	一宮領	江口出雲給	
	合計	15反	8代5分	出12反27代4分	2町7反15代3分		江口出雲給	

1町＝10反　1反＝50代　1代＝6分

軍役として、兵員の輸送等にも従事したと推定される（23）。

このように「給」に対しては何らかの「役」が義務として課せられていた。土豪・江口出雲守は船トヤシキ一反地四十七代が「水主給」として控地となり、その隣の船トノトイ一反三十代の上屋敷に「主居」として居住が確認される。

江口出雲守は、下田の水主たちの統率者として、水主たちを率いて水主役を勤め水運に従事したものと推定される。ところで、注目されるのは、下田の貴船神社神領が江口出雲守給とあり、また、同じく一宮神領が江口出雲守給となっている点である。とりわけ下田の対岸にある関崎之村地検帳においては、一宮神領の二十筆のうち、十九筆が江口出雲守の名義となっている。

間崎の一宮神領は、合計一町五反八代五分あり、検地の結果の増分、一町二反十一代四分を含めると二町七反一五代三分にも及んでいる。（表3参照（24））

『長宗我部地検帳』の記載は、検地が実施された天正十七年の時点での江口出雲守と貴船神社や一宮神社との社会経済的な関係を示すものであるが、同時に江口出雲守を代表とする下田の水主たちと貴船神社や一宮神社との宗教的な結びつきが考えられる。世俗の世界で土豪・江口出雲守が長宗我部氏から「水主給」を給され「水主役」を勤めるのと同様に、神領を給されている一宮神社の「神役」として、江口出雲守が水主たちを率いて一宮神社神輿の船渡御等の「水主役」を勤め一宮神社に奉仕していたことが想定される。

中世の不破八幡宮や一宮神社については、具体的な文献史料を欠くため推定の域を出ないが、『長宗我部地検帳』から窺えるこのような関係が、さらに長宗我部氏の検地以前の一条家統治の時代に遡る可能性も否定できないのではないだろうか。

近世から現代に続く不破八幡宮の「神様の結婚式」の神事と下田の人々の一宮神社の神輿船渡御の神役奉仕という民俗の淵源が中世に遡る可能性を指摘したい。

おわりに

四万十川下流域にあって河口に位置する下田は、鎌倉時代には土佐国幡多荘の年貢を集積し中央へ搬送する幡多荘船所の所管する港、横浜が存在した。

戦国期の土佐一条氏の時代には中村に一条家の館を中心に市町が形成され水運の発展とともに下山の材木が下田から南海路により堺に搬送され、また、大型構造船（遣明船）が建造されている。

『長宗我部地検帳』に見える松ノ山から南宗寺や貴船神社にいたる一帯は、戦国期末には、廻船に携わる水主達の村落が形成され、近世に続く下田町の原型が形作られた。

また「神様の結婚式」で知られる不破八幡宮大祭の一宮神社の神輿の船渡御の神事は下田の水主たちの神役として起源が中世に遡る可能性が指摘できる。

水戸地区の横浜は最近まで対岸への初崎渡しがあり、戦中・戦後の港町下田の賑わいを偲ばせる倉庫などの景観が見られる。

このように下田は中世以来、近代に至るまで幡多地域の米や材木、木炭などの産物を集積し中央に運ぶ積み出し港であったが、それは同時に中央の文化が幡多へ流入する窓口であったことも意味する。

近世に上方方面から伝えられた太鼓台は、かつての港町下田の繁栄を物語る神祭の民俗行事である。

このようにして現在に至る下田の文化と景観は、先述してきた中世の基層の上に、近世、近代を通じて歴史的に形成されてきたものであるといえよう。

このたび下田地区が選定された「重要文化的景観」は、文化財保護法第二条第一項五号の「地域における人々の生活又は生業及び当該地域の風土により形成された景観地で我が国民の生活又は生業の理解のために欠くことができないもの」とされ、保護する制度を設けることによって、その文化的な価値を正しく評価し、地域で守り次世代へ継承していくことができるとされている。

現代に生きる下田の人たちがこのような中世以来の地域の歴史を誇りとし、近世より今に至る下田の文化を継承し、静かなたたずまいを見せる町並み等の重要文化的景観をこれからの地域の発展に生かしていくことを願ってやまない。

註

（1）四万十川自然再生協議会通信十月号、二〇一〇年三月発行

（2）『公卿補任』第二篇二六八頁弘安五年従三位源成経条によると土佐は左大臣（一条実経）分国とある。

（3）『九条家文書一』七四頁、一九七一年、図書寮叢刊・宮内庁書陵部

（4）拙稿「土佐国幡多荘と中世金剛福寺の勧進活動」『中世土佐の世界と一条氏』市村高男編、高

志書院二〇一〇年
（5）土佐国古文叢五〇、『高知県史古代中世史料編』九八八頁、一九七七年、高知県
（6）前田光男・筒井三菜「香山寺跡と坂本遺跡」『中世土佐の世界と一条氏』市村高男編、高志書院二〇一〇年
（7）高橋昌明「土佐日記の航路」『歴史家の遠めがね・虫めがね』角川学芸出版、二〇〇七年
（8）木村茂光編「歴史から読む『土佐日記』」東京堂出版、二〇一〇年
（9）前書（5）土佐国蠹簡集三五、二三五頁
（10）『大乗院寺社雑事記』四、三一九頁、『増補続史料大成』（普及版）、臨川書店、二〇〇一年
（11）今谷明『日本国王と土民』集英社版日本の歴史9一九九二年発行によると大鋸の普及は「木挽き」と称する専門の職人集団が形成され、製材が専業化するとともに、木造建築に革命的な変化が起こったとされる。
（12）榑（くれ）とは丸太を割って心部を取り除いた扇形の材のことをいい、屋根ふき板などに用いられた。
（13）鍛代敏雄「戦国期の石清水と本願寺、都市と交通の視座」一二九頁、法蔵館、二〇〇八年

（14）『石山本願寺日記』上巻二〇六頁、上松寅三編、大阪國文社、一九三〇年
（15）永原慶二「室町戦国の社会」吉川弘文館、一九九三年五月発行、二〇一頁掲載の「土佐国の職人分布表」（長宗我部地検帳より作成）、によると、土佐一国の船番匠、四二のうち半数の二一が幡多郡である。
（16）幡多郡下田村、「長宗我部地検帳　幡多郡　中」二〇八頁、高知県立図書館、一九六五年
（17）前書（5）土佐国蠹簡集一四、二三五頁
（18）不破八幡宮の信仰圏は藩政期の旧村六十余村にわたり四万十市の全域に及んでいる。
（19）『中村市史続編』民俗編九五六頁、中村市史編纂委員会、一九八四年
（20）野本寛一「四万十川民俗誌」、一八九頁、雄山閣出版、一九九九年
（21）前書（20）一八五頁
（22）江戸時代の記録『八幡大神一宮大明神合祭筆記』は奥書に安永七年（一七七八）八月吉日、土州幡多郡山路村之住宮崎久米右衛門嘉武老齢八十三歳謹写とある。幡多郷土資料館所蔵
（23）横川末吉『長宗我部地検帳の研究』高知市立市民図書館、一九六一年
（24）前書（16）幡多郡初崎村、四八一頁～四八四頁

終　章　土佐幡多荘の地域社会形成と仏教文化

第一節　結論

本書はテーマを「中世土佐幡多荘の寺院と地域社会」とし、序章においては土佐幡多荘成立の概略と中世地域史研究の現状と課題および本書の目的と構成について述べた。第一部「金剛福寺の勧進活動と地域社会」（一章～三章、補論1、2）では『金剛福寺文書』を読み解き金剛福寺を中心に中世前期の幡多荘における地域社会と寺院の役割について考察した。また第二部「寺社資料に見る国人の動向と信仰」（一章～五章、補論1）では文献や寺社資料等から中世後期の幡多荘の人々の信仰と寺院の展開および地域社会の変遷について論考した。最後に、各章の成果を確認、補足して結論としたい。

第一章「観音霊場―中世金剛福寺の成立」では、観音霊場としての中世金剛福寺成立の過程と時期について考察した。一一世紀から一二世紀後半にかけて、中央では観音霊場巡拝が盛行した。一方、地方では官寺仏教体制が実質的に崩壊し、地方寺院では国衙に対して本尊の霊験を強調し、寺の安定を図ろうとする動向が見られる。応保元年（一一六一）、金剛福寺住僧月光坊等の働きかけにより幡多郡収納所が金剛福寺に宛行った三町の供田の宛行状からは、京下りの在庁官人、収納使西禅の現世利益、後生善処の観音信仰が窺える。さらに嘉応元年（一一六九）蹉跎御崎住僧弘睿は国衙に対し、三昧供料並びに寺の修造の用途、一八〇石や供田の寄進、寺領への検注使不入、万雑公事の免除等を「注進」している。金剛福寺は衰退した寺勢の回復のため本尊千手観音菩薩の霊験を前面に掲げ土佐国衙に仏法興隆の働きかけを続けている。そして幡多荘の立荘後は、正嘉元年（一二五七）の一条家政所下文が発給された鎌倉中期に金剛福寺は、土佐知行国主一条家の祈願寺となり、幡多荘の有力な中世寺院として発展の基礎を確立していった。一条家政所下文には賀東上人の補陀落渡海説話が金剛福寺のこととして取り込まれている。そして鎌倉後期には蹉跎御崎の金剛福寺千手観音菩薩の霊験が勧進活動等によって広く国の内外に喧伝され、「補陀落東門」の観音霊場―中世金剛福寺が成立する。

第二章「中世金剛福寺の勧進活動」では、金剛福寺が鎌倉期に三度の回禄（火災）があり復興のため勧進活動が展開された。第一期の勧進活動の中心となった南仏上人（慶全）や第二期の勧進活動をおこなった快慶、第三期の活動をおこなった心慶等の勧進活動について一条家政所下文や御教書等（金剛福寺文書）により考察した。勧進活動の特徴として荘園領主一条家の奉加官米が幡多荘の十一の村々に割り当てられ、勧進活動の体制化が指摘できる。三期の勧進活動を通じて観音信仰が地域社会に広く浸透していった。金剛福寺は一条家の安寧や幡多荘の静謐、五穀豊穣等の祈祷を行い祈願寺としての役割を果たすことにより一条家より多くの寺領を寄進され宗教的権威を背景とする幡多荘の有力な在地勢力として寺領支配を展開した。

補論1では「金剛福寺本尊千手観音菩薩像胎内資料について」として、二〇〇六年度に

『県立歴史民俗資料館研究紀要』一五号に掲載された「木造千手観音立像修理報告」及び「像内納入品概要報告」の胎内資料より本尊に結縁した人々の信仰について考察した。暦応五年（一三四二）の胎内銘文には、願主である一条経通や院主心慶、権院主定慶ほか六五名の僧俗男女が結縁し、結縁交名紙札には、金剛福寺所縁の僧、慶有とその縁者十五名（藤原氏、源氏の僧俗男女）が大施主として奉加している。また胎内に南無阿弥陀仏の名号墨書と「非阿」の針書署名が確認されている。非阿は念仏聖と推定され勧進活動の手足となった勧進聖の一人であろうと思われる。金剛福寺の勧進活動は修験者や念仏聖など多様な勧進聖により展開されたと推察される。

第三章「幡多荘船所と観音信仰」では、幡多荘船所と四万十川下流域に存在する金剛福寺の寺領支配の拠点となっている末寺、香山寺、観音寺および大方郷の飯積寺の社会経済活動について論考した。幡多荘本郷の香山寺は預所として荘務を行ったと思われる法橋上人位某によって三町の供田が寄進され、観音菩薩の霊場であるとともに幡多荘の安寧を祈願する幡多荘鎮守の寺院であったと推定される。この役割は、一条家より金剛福寺院主に補任された勧進上人南仏坊慶全が香山寺に入寺することにより金剛福寺に引き継がれている。金剛福寺末寺の僧・慶心が船所職に補任され年貢搬送を請け負うなど、金剛福寺と末寺が四万十川下流域の水運を管理し、香山寺において年貢京上の船の航海安全を観音菩薩に祈願する「船祭」の祭祀が行われたものと推定される。坂本遺跡の発掘調査により、香山寺山麓の坂本には里坊の中ノ坊や中興の祖南仏を祀る南仏堂の存在が確認される。また、船所職補任状に記された幡多荘船所の所管する湊「横浜」は、四万十川河口左岸の下田水戸地区の横浜であろうと推定される。飯積寺は、本尊十一面観音菩薩像の正応四年(一二九二)の胎内銘より鎌倉期より存続していたことが明らかとなった。大方郷田ノ口に金剛福寺の寺領があり飯積寺は金剛福寺末寺であったと推定される。

鎌倉期の金剛福寺は末寺が年貢の収納を請け負い、僧侶が船所職に補任され年貢京上を行うとともに末寺のネットワークにより四万十川下流域の水運を掌握する等、観音信仰とともにその社会経済活動は一条家の幡多荘の荘園支配を補完する役割をはたしていた。

補論2では飯積寺十一面観音菩薩立像胎内銘文より作者である大仏師、法橋圓海について考察した。圓海は、飯積寺十一面観音像以外に、元亨四年（一三二四）山田村の惟宗氏の菩提寺、永達教寺の薬師如来像を造像しており、鎌倉後期中央より地方に進出し、在地の人々の願いや求めに応じて村々の寺庵の仏像を制作した仏師の一人であろうと推定される。


第二部（一章〜五章、補論1）「寺社資料に見る国人の動向と信仰」では中世後期の幡多荘における地域社会の変遷について国人の動向と信仰を中心に論考した。

第一章「中世大方郷と国人入野氏」では、大方郷が東福寺の回禄により一条家より東福寺に寄進された経過および大方郷の開発に関わった人々と仏教文化について考察した。大方郷は東福寺の直務支配が行われ預所の僧侶宥意が下向し、飯積寺の僧侶と推定される下司道悦と公文家忠、預所宥意が署判し、大方郷の年貢十貫文が佐賀の商人六郎衛門により東福寺に送進された。大方郷は南北朝期には中央の権門寺院、東福寺を支える十ケ国の所領の一つとなっている。公文家忠は預所宥意に協力し大方郷開発に尽力したものと推察される。応永期には藤原家重が大旦那として飯積寺に鰐口を寄進している。文明期の藤原家元の時代には入野氏を称し加茂八幡宮を松原に移転して拠点近くに菩提寺長泉寺を建立している。

応仁の乱後、前関白一条教房が土佐に下向し幡多荘の直務支配を行い、入野氏は官途を斡旋されるが支配に従わず、「籠名」により一条家の支配に屈している。入野氏は一条家の地域権力確立の過程で誅伐され没落する。入野氏菩提寺の長泉寺千手観音菩薩立像や加茂八幡宮蔵獅子頭銘文、源康任寄進状等の寺社資料と『長宗我部地検帳』により入野氏の信仰とその盛衰の過程を描き中世大方郷の地域社会の変遷について考察した。

第二章「土佐一条家の成立と土佐国人加久見氏」では、応仁の乱後、土佐に下向し幡多荘の直務支配を行った一条教房の没後、後継として大乗院に入室が予定されていた房家が擁立され土佐一条家が成立した。本章では土佐一条家成立のカギとなった国人加久見氏および金剛福寺の関係について蓮光寺勧進状や蓮光寺鐘勧進状奥書および金剛福寺位牌群等の検討により、房家の外戚となった以南の国人加久見氏と金剛福寺院主善快が親族であることを明らかにし、加久見氏と金剛福寺の密接な関係について考察した。また、蓮光寺鋳鐘勧進状の願文と奥書署判の検討により蓮光寺鋳鐘勧進状の真の願主が加久見氏女の房家の母中納言局と推察し、土佐一条氏成立と在国支配に果たした加久見氏の役割について考察した。蓮光寺鋳鐘勧進状からは、願主の阿弥陀如来への信仰と後生善処の願いを感じ取ることができる。

第三章「四万十川（渡川）合戦と一条兼定」では、戦国期末、豊後に追放された土佐一条家最後の当主兼定が所領幡多の奪還をめざして長宗我部元親に戦いを挑んだ四万十川（渡川）合戦について、キリシタン史料や大友家文書等により解明し、合戦の時期を天正三年九月中旬以後と推定している。また、兼定を大友氏が支援し水軍真那井衆が参加していることや、活動の範囲が周防長島の上関に及んでいることなどを指摘している。また、四万十川合戦の勝敗に決定的な影響を及ぼしたと思われる金剛福寺等の幡多の寺院勢力の動向についてキリシタン史料や高岡神社棟札等の寺社資料により考察した。

第四章「中世爪白の仏教文化と東小路氏について」では、土佐清水市爪白の覚夢寺跡と約一〇〇メートル離れた道路の両側の小丘上に対面して建てられた釈迦堂と阿弥陀堂、清涼寺式釈迦像と阿弥陀像について、浄土信仰―「二河白道図」との関連で爪白の景観と仏教文化について考察を加えた。『長宗我部地検帳』の検討により戦国期末の天正十七年（一五八九）には釈迦堂の存在が確認できる。また、『長元記』にみえる爪白の旧領主、爪白殿は土佐一条家の庶流、東小路氏の一族と推定され、覚夢寺が東小路氏の菩提寺であった可能性が考えられる。これらの点から中世後期を通じて浄土信仰が地域に根付き、爪白の仏教文化が展開したものと推察される。

補論1では二〇〇七年に実施された爪白石造物の調査結果に基づき「中世爪白の石造物

の年代について」として論考した。爪白の石造物が神戸六甲の花崗岩製であり水運により直接幡多荘に搬入されたものと推定され、石造物の年代の考察から、爪白の仏教文化は南北朝期に遡ることが推察される。石造物からは都鄙間の物の交流のみでなく人の交流や仏教文化の交流があったものと想定されよう。

第五章「中世幡多荘の世界と下田港」では、四万十川河口の港町下田は、第一部三章で検討した幡多荘船所の所管する港（横浜）であり、文明年間には一条氏の邸宅建築用の下山産の材木が切り出され堺に向け搬送されるなど、中世において下田港は中村の外港としての役割を果たしていたといえよう。戦国期には土豪・江口氏の土居や菩提寺である南宗庵および貴船神社等を中心に近世の下田につながる水主たちの村落が形成されており、また、民俗行事としての神事、不破八幡宮の一宮神社神輿船渡御の水主役の奉仕が中世地域社会において下田の人々の神役として課せられていた可能性が考えられること等について『長宗我部地検帳』の検討により考察した。また下田港は中世以来、近世や近代においても水運による幡多地域と上方との人や文化の都鄙間交流の窓口であったことを再確認した。

以上見てきたように平安期末、金剛福寺は旧来の官寺仏教体制が実質的に崩壊する中で、寺の由緒と本尊千手観音菩薩の霊験を強調しながら土佐国衙に対して仏法興隆の働きかけを行った動向がうかがわれる。幡多荘が成立すると中興の祖、南仏房慶全の勧進活動によって金剛福寺は土佐知行国主で幡多荘の荘園領主一条家の祈願寺となり、「補陀落東門」の観音霊場として中世寺院の基礎を確立していった。また、鎌倉期三度の回禄の勧進活動を通じて観音信仰が広く地域に浸透していった。金剛福寺の勧進活動は一条家の奉加官米が幡多荘の村々に割り当てて徴収されるなど勧進活動の体制化が見られる。金剛福寺は四万十川下流域に多くの寺領を持ち、僧侶が幡多荘船所職に補任され四万十川の水運を掌握し年貢搬送を行うなど、金剛福寺と末寺は一条家の荘園支配を補完する役割を果たしていた。中世前期の幡多荘においては、信仰のみではなく人々の生活や荘園支配にも寺院が大きな影響力を持つ地域社会の姿が浮かんでくる。

中世後期の寺院と国人との関係は金剛福寺本尊千手観音菩薩の造立に施主として大法師慶有の一族（藤原氏、源氏の僧俗十五名）が結縁した事例（一部二章補論1）や金剛福寺院主善快が加久見氏所縁の僧侶であるという事例（二部二章）に見られるように国人の子弟が僧侶として金剛福寺に入寺する同様の関係が多数あったものと推定される。

また有力国人は、入野氏は長泉寺（禅宗）、加久見氏は香佛寺（浄土宗）、江口氏は南宗庵（禅宗）を一族の菩提寺として建立している。

文明十二年、南海の津、清水港を見下ろす一角に人々の勧進によって蓮光寺阿弥陀堂が建立された。天文三年に加久見氏一族四人の追善のため蓮光寺に奉納された蓮光寺鋳鐘勧進状（二部二章）からは阿弥陀仏への信仰と後生善処の強い願いが感じ取れる。また爪白の覚夢寺跡に対面して建立された釈迦堂と阿弥陀堂および阿弥陀名号板碑等の石造物（二部四章、補論1）からは阿弥陀如来への中世の人々の素朴で篤い信仰心がうかがわれる。

このように中世後期には金剛福寺やその末寺等の諸寺院に加えて、幡多荘の町場や村々には国人や人々の勧進活動等によって寺院や堂が建てられ、日常の生活を通じて仏教文化が人々の内面に深く浸透し信仰や行動に少なからぬ影響を与えていたものと思われる。

改めて国人の動向と信仰について考察すると、文明二年、一条教房の下知に従わない国人入野氏に対する「籠名」という計略がたちまち効果を発揮したことに示されるように、入野氏の動向（二部、一章）からは国人入野氏の神仏への信仰と神罰に対する畏怖の念がうかがえ、神仏の影響力が絶大であったものと推察される。

また天正三年、四万十川（渡川）合戦の勝敗を決した情勢の変化としてキリシタン史料、宣教師カブラル報告書が伝える「破滅の近づけるを覚りし坊主等が努力せしめたため形勢たちまち一変した」とする指摘はあながち誇大ではないように思われる。四万十川（渡川）合戦に一条方、長宗我部方の双方から調略され去就の選択を迫られた幡多郡の国衆の動向（二部、三章）に決定的な影響を及ぼしたとされる幡多の寺院勢力の宗教的影響力は、当時の国人たちの寺院との師檀関係や信仰を考慮すると決して無視できないものがあったのではないだろうか。

四万十川（渡川）合戦の結果、土佐一条家は没落し幡多郡は長宗我部氏の掌握するところとなるが、天正十三年（一五八五）には長宗我部元親は豊臣秀吉に降伏し土佐一国を安堵された。長宗我部氏に臣従した幡多の国人たちは文禄・慶長の役（一五九二〜一五九八）を経て大きく再編されている。国人加久見氏は、文禄の役で長宗我部氏に従軍し朝鮮に出陣するが当主の死亡の結果、慶長二年（一五九七）の「以南上地仕置御地検帳(1)」によると加久見氏の所領はすべて上地となり一族は没落している。土佐清水市三崎の香仏寺には文禄二年（一五九三）に釜山で死去した加久見左近大夫の供養塔(2)があり、このような国人たちの動向からは中世から近世へと変遷する地域社会の変貌を読み取ることができる。

ところで近世の地誌『南路志』によると、金剛福寺は「寺領往昔ハ八千石、長宗我部時代八三千石、慶長六年八月二十五日自明神様百石、今之寺領是也」と記述され、近世には明神様（土佐初代藩主山内一豊）より給された金剛福寺の寺領は百石に過ぎないが、中世には広大な寺領を誇り隆盛を極めていたとされる(3)。事実、土佐一条家が没落しすでに寺の勢いが衰退に向かう天正十七年（一五八九）でさえ『長宗我部地検帳』に掲載された金剛福寺の寺領・足摺分は幡多郡、高岡郡合わせると二百四十町に及ぶ。しかし慶長五年（一六〇〇）、関ヶ原の合戦で西軍に与した長宗我部氏が没落した結果、慶長六年（一六〇一）の山内氏の土佐入国による地域社会の変遷により中世金剛福寺の時代は終焉を迎えるのである。

第二節　成果と今後の課題

以上、序章および第一部（一章～一二章、補論1、2）、第二部（一章～五章、補論1）、十二篇の論考は、十年来、私なりに寺社資料を活用し幡多の中世地域史をテーマとして追及してきたものである。成果があるとすれば、中世土佐幡多荘の地域社会に生きた人々の痕跡を、文献や諸資料から探り史実として解明するという研究課題にとりくみ、本書の目的として挙げた金剛福寺の勧進活動や、幡多荘の経済的文化的な都鄙間交流、国人の動向と信仰等について、寺院や仏教文化の展開という側面から中世土佐幡多荘の地域史に一定の光をあてることができたのではないかと思われる。

『金剛福寺文書』によると応永二十五年（一四一八）に金剛福寺院主は京都新熊野の「三山奉行若王子別当乗々院奉書」により幡多荘の熊野先達に補任され⑷金剛福寺奥の院、白王権現は修験の霊場でもあった。幡多荘の熊野信仰と足摺の修験道については今後の研究課題である。また金剛福寺の本尊『千手観音立像胎内資料』に見られる「非阿」等の勧進活動（第一部、第二章、補論1）の時期（南北朝）は、覚夢寺の石造物の年代（第二部、第四章、補論1）から爪白の仏教文化の時期とほぼ重なり、地域的にも重なる（以南地域）

ことから、念仏聖の勧進活動と浄土信仰の展開との関連が想定される。このような幡多荘における念仏聖の勧進活動の足跡と仏教文化についてはこれから引き続き取り組んでみたい課題である。

一、二点、研究課題を述べたが、これからも文献を中心に仏像の胎内銘文等の寺社資料や考古学および石造物等についての新たな知見を活用し、また民俗学や仏教美術についてさらに研鑽を深め、より豊かなさまざまな視点から中世地域史研究に取り組んでいきたい。

註

（1）「土佐国幡多郡以南上地仕置御地検帳」、『長宗我部地検帳』幡多郡下の二、五一六頁～六三三頁、慶長二年に実施された以南村々の上地の土地についての検地で、長宗我部氏の直轄地である御直分や散田として登録されている。元〇〇分の脇書により旧給人を確認することができる。

（2）土佐国古文叢一〇四一（脱一一一六）、『高知県史古代中世史料編』、一二九九頁、高知県一九七七年、供養塔銘文は「夢庵貞昨大禅定門、文禄二癸巳天九月十日、高麗陣望帰朝、於釜山浦布岐島而死、俗名嘉久見左近大夫」とある。

（3）『南路志』三郡郷の部（下）、「吾川、高岡、幡多」四六八頁～四六九頁、高知県立図書館、一九九一年、伊佐村の条に、蹉跎山〈旧号曰月輪山〉補陀洛院金剛福寺、真言宗京都仁和寺末として、「寺領往昔ハ八千石、長宗我部時代ハ三千石、慶長六年八月二十五日自明神様百石、今之寺領是也」とある。

（4）前掲書（2）土佐国古文叢三六一（脱一〇一）一〇八三頁

あとがき

本書は佛教大学より平成二十六年（二〇一四）三月に博士（文学）の学位を授与された論文「中世土佐幡多荘の寺院と地域社会」に一章（第二部五章）を追加し、加筆、訂正したものである。主任教授で主査の今堀太逸教授には中世社会における仏教の役割の重要性について刮目させられ、中世寺院の地域社会における「勧進活動」が私の研究テーマとなった。今堀先生には論文執筆に行き詰るごとに懇切丁寧なご指導をいただいた。また副査の貝英幸准教授には論文の中間報告のたびに論考の史料批判の甘さをご指摘いただいた。さらにこのたび補陀落渡海史研究の権威である元龍谷大学教授の根井浄先生に副査をお願いしご指導いただけたことは大変光栄である。また博士学位論文の提出にあたり論文要旨の英訳を林匡彦氏にお世話になり、前田和男氏には著書からの仏像の写真掲載の許可をいただいた。先生方のご指導と両氏の援助に心より御礼申し上げる。

私が地域史研究に関心を持つようになったのは公立学校教員として在職していた昭和五十年代（一九七五〜八五）のころのこと、同和教育の高まりの中で国民的課題とされた「部落問題」について、啓蒙書や概説書にとらわれず、文献や史料を読み、自分の頭で考え自らの歴史認識を形成する必要性を強く感じたことがはじまりである。宿毛市内の中学校に勤務していた私は『宿毛市史』編纂のため宿毛市立坂本図書館に開設されていた郷土史資料室で橋田庫欣氏の指導する郷土史学習会に参加し『長宗我部地検帳』を目にしたことが史料により地域史を学ぶ第一歩であった。また、昭和六十年代（一九八五〜一九九五）には私の郷里、中村（四万十市）が「土佐の小京都」として全国的に注目され、応仁の乱後、土佐幡多荘に下向し中村に御所を置いた一条氏への関心が高まり、戦前、広島で被爆し夭折した研究者、小松泰氏の研究ノートをまとめた『土佐一条家年表』（一条文化を考える一条兼定没後四〇〇年記念実行委員会刊）が昭和六十年（一九八五）に刊行された。一条兼定没後四〇〇年の記念行事として片島港からチャーター船で兼定終焉の地である伊予戸島への巡見に参加したことが中世地域史に関心を持ち歴史研究を始めるきっかけとなった。その後、歴史学を体系的に勉強する必要性を感じて法政大学通信制文学部史学科に学士入学、諸事情で長期間在籍したが日本中世史の中野栄夫教授の指導を受け、平成十五年（二〇〇三）三月、「荘園制解体期の公家領荘園―中世後期における一条氏の幡多荘在国支配について」をテーマに卒業論文を提出した。そのようなおり、高知女子大学（現在多摩美術大学）の青木淳先生にお目にかかり、平成十五年（二〇〇三）七月に実施された県の大方町社寺文化財調査に参加の機会を得てご指導いただいた。この調査では、飯積寺の十一面観音菩薩像の胎内銘文や、加茂八幡宮獅子頭裏書墨書銘などの調査により、実地調査の必要性とこれらの資料を地域史研究に活用することの重要性を認識することができた。平成十六年（二〇〇四）にまとめた『高知県社寺文化財総合調査報告書』（のちに高知県仏教文化叢書二『大方町の仏像』平成十九年（二〇〇七）三月刊）に「中世における荘園支配と寺院の役割―鎌倉期から室町期の土佐国幡多荘大方郷を中心に」を執筆させていただいた。また、高知大学の市村高男教授を代表に、平成十四年（二〇〇二）～平成十六年（二〇〇四）と平成十七年（二〇〇五）～平成十九年（二〇〇七）の二次・六年間にわたる土佐一条氏関係史料の収集作業と城館跡の調査、石造物等の調査が実施された。市村先生の知遇を得て土佐清水市の金剛福寺所蔵の『金剛福寺文書』の調査に参加し、また同市内の寺社遺跡、石造物の調査等により石造物の年代や流通等についての知見を得ることができた。思えば、ちょうど中世地域史研究に本格的に取り組み始めた時期に研究対象の寺院や仏像のある地域の職場に勤務し、文化財や古文書等の学術調査に参加する機会を得て青木先生や市村先生等にご指導いただけたことは大変幸運であったと思われる。勉強の機会を与えていただいた両先生には感謝に堪えない。

四国中世史研究会には平成十五年（二〇〇三）十二月に中村で開催された四二回研究会に参加し発表して以来、研究会に参加し御指導いただいている。また、土佐史談会の『土佐史談』二二六号に平成十六年（二〇〇四）七月、「土佐国人加久見氏と金剛福寺の関係について―蓮光寺勧進状を中心に―」を初めて投稿し、その後も重ねてご指導いただいている。（別紙初出一覧参照）私はその後、平成十七年（二〇〇五）佛教大学通信制大学院文学研究科修士課程日本史学専攻に進学し、『金剛福寺文書』の研究を中心に平成十九年（二〇〇七）三月、修士論文「中世における荘園支配と地方寺院の役割―鎌倉期の土佐国幡多荘と金剛福寺を中心に」を提出した。ちょうどこのころ、平成十九年（二〇〇七）より、宿毛、中村自動車道の工事にともなう四万十市坂本遺跡の発掘調査が実施され、香山寺跡の発掘現場で出土した「船形木製品」等の考古資料を直に見学できたことは、大いに研究の刺激となった。遺跡の発掘調査を担当された県埋蔵文化財センターの職員の方には心から敬意を表したい。

平成二十年（二〇〇八）四月に同博士課程に進学した私は、平成二十一年（二〇〇九）三月、『佛教大学大学院紀要』三七号に「中世金剛福寺の勧進活動と幡多荘」を発表している。また、平成二十二年（二〇一〇）四月、土佐一条氏に関する共同研究の成果をまとめた『中世土佐の世界と一条氏』、市村高男編、高志書院が刊行され、共同研究の執筆者の一人に指名され「土佐国幡多荘と中世金剛福寺の勧進活動」を執筆した。

三十七年間の教員生活最後の職場となった下田は、平成二十一年（二〇〇九）四万十川流域が国の重要文化的景観に指定され、四万十川河口の下田地区もその一つに選定された。平成二十二年（二〇一〇）十一月十四日に四万十市で開催された西南四国歴史文化研究会の予土交流会で、依頼されて中世の下田について、「川と海の接点・下田港、幡多荘・中村の外港」との演題で講演をおこない、その内容を同会機関誌『よど』一二号平成二十三年（二〇一一）四月刊に「土佐国幡多荘の世界と中世の下田」と題して執筆した。

中世地域史の研究を通じて地域に対する理解が深まるとともに中世地域社会に生きたさまざまな人物の生きざまにふれることで私自身がはげまされ、なんとか定年まで教職の仕事を全うする事が出来たようにも思われる。また、在職中、職場や家族の理解を得て通信制の大学、大学院で日本史学を勉強したことは、私自身の社会的視野を広め改めて自己を見直す機会ともなったと考えている。この間、ご指導いただいた四国中世史研究会の先生方、土佐史談会の諸兄、西南四国歴史文化研究会や土佐清水市郷土史同好会等の皆さんに感謝したい。また本書の出版にあたっては土佐史談会副会長の谷是氏にリーブル出版の新本勝庸氏を紹介いただきお世話になった。今後はこれを出発点として地域史研究に取り組み、すこしでも社会貢献につながればありがたいと思う。

最後に本書を昨年十三回忌の法要を終えた亡き母、三子《かずこ》と今年米寿を迎えた父、九十九《つくも》の両親に贈りたい。また、退職後、毎夕四万十河畔を散歩し心和ませてくれる老犬エルモと、いつも怠惰な私を叱咤激励してくれる薩摩おごじょの妻、千代子に心からの感謝の意を表したい。

平成二十六年（二〇一四）五月、香山寺の見える四万十河畔自宅書斎の窓辺にて

東近　伸

電子書籍版あとがき

本書は平成二六年（二〇一四）にリーブル出版から刊行した『中世土佐幡多荘の寺院と地域社会』を改訂し新たに電子書籍化したものである。ところで本書刊行から九年経過したが、その間、平成二六年の新出史料『石谷家文書』は、本能寺の変等、戦国史研究に新たな知見をもたらした。そのため本書の第二部三章「四万十川（渡川）合戦と一条兼定」は、新出史料に基づき、記述内容を改めて検証する必要が生じている。同文書の一次史料「宍州書状」および「兼俊書状」によって、従来、天正三年（一五七五）の何月なのか不明であった渡川合戦の時期が、同年七月から九月末まで三ヵ月に及ぶ長期戦であったことが判明し、また兼定に勝利した長宗我部元親の陣営に、兼定の嫡子・大津御所一条内政が在陣していたことや、元親が義兄・石谷頼辰を通じ摂家一条内基と連絡していたことなど、通説を覆す新たな事実が明らかとなったのである。筆者は平成二七年、岡山市で開催された日本古文書学会で本書状を直接拝見することができた。
筆者は現在、土佐清水市の文化財保護審議会長を務め、地域の文化財や遍路道の調査などに取り組み、また縁あって『新土佐清水市史』の編纂委員として執筆・編集に携わっており、同書の中世史編で改めて新出史料に基づき渡川合戦の検証を行いたい。『新市史』は二〇二四年三月の刊行予定である。そのため、今回の改訂にあたっては、本書の修正は必要な範囲内で最小限に留めた。そして22世紀アート社の編集担当者のお勧めにより、本書の内容面の特色を考慮し、タイトルを『勧進・国人・仏教文化――中世土佐幡多荘の寺院と地域社会』と改めた。また表紙の景観は香山寺山頂から四万十川河口と太平洋を鳥瞰したものである。編集を担当された鈴木衣代氏、大石幸香氏に感謝申し上げる。

令和五年（二〇二三）癸卯　正月　　コロナ禍中、自宅書斎にて

東近　伸

初出一覧

第一部

第一章　観音霊場―中世金剛福寺の成立（『土佐史談』二五三号、二〇一三年）

第二章　中世金剛福寺の勧進活動（「中世金剛福寺の勧進活動と幡多荘」『佛教大学大学院紀要文学研究科篇』三十七号、二〇〇九年）及び（「中世金剛福寺の勧進活動について」『土佐史談』二四二号、二〇〇九年）

第三章　幡多荘船所と観音信仰（「土佐国幡多荘の船所について」『土佐史談』二三五号、二〇〇七年）

補論２　飯積寺十一面観音造像銘に見える鎌倉後期の仏師・圓海について（『土佐史談』二二八号、二〇〇五年）

第二部

第一章　中世大方郷と国人入野氏（「中世における荘園支配と寺院の役割―鎌倉期から室町期の土佐国幡多荘大方郷を中心に」『高知県社寺文化財総合調査報告書―論考篇』高知県、二〇〇四年三月発行）

第二章　土佐一条家の成立と国人加久見氏（『よど』十四号、二〇一三年）及び（「土佐国人加久見氏と金剛福寺の関係について―蓮光寺勧進状を中心に」『土佐史談』二二六号、二〇〇四年）（「土佐一条家の成立と国人加久見氏の役割―蓮光寺鋳鐘勧進状奥書署判の以南宗勝の官途名を中心に」『土佐史談』二三一号、二〇〇七年）

第三章　四万十川（渡川）合戦と一条兼定（「キリシタン史料から見た四万十川（渡川）合戦と一条兼定」『土佐史談』二四四号、二〇一〇年）

第四章　中世爪白の仏教文化と東小路氏（「中世爪白の仏教文化と歴史的背景―覚夢寺釈迦堂、阿弥陀堂と東小路氏」『土佐史談』二三七号、二〇〇八年）

第五章　中世幡多荘の世界と下田港（「土佐国幡多荘の世界と中世の下田」西南四国歴史文化論叢『よど』十二号、二〇一一年）

著者略歴

東近　伸（とうちか　しん）

１９５１年　高知県四万十市生まれ

１９７５年　高知大学教育学部特設美術課程卒業

１９７５年　公立学校教員として須崎市、土佐清水市、宿毛市、四万十市の中学校に勤務する

２００３年　法政大学通信制文学部史学科卒業

２００７年　佛教大学通信制大学院文学研究科修士課程修了

２０１２年　四万十市立下田中学校教頭で定年退職

２０１４年　佛教大学通信制大学院文学研究科博士後期課程修了
　　　　　　佛教大学より博士（文学）の学位取得

２０２３年　現在土佐清水市文化財保護審議会会長、幡多地区文化財保護審議会連絡協議会会長、『新土佐清水市史』編纂委員。

現住所　高知県四万十市

共著

『大方町の仏像』青木淳編、西村謄写堂、２００７年

『中世土佐の世界と一条氏』市村高男編、高志書院、２０１０年

『土佐清水市の指定文化財』土佐清水市教育委員会、文化堂印刷所、２０１７年

写真アルバム『幡多の昭和』宅間一之監修、樹林舎、２０１７年

令和二年度企画展『補陀洛東門開く―蹉跎山金剛福寺』高知県立歴史民俗資料館、２０２０年

『土佐遍路道金剛福寺道真念庵周辺道調査報告書』土佐清水市教育委員会、宿毛印刷、２０２２年

本書は２０２３年１月に刊行された電子書籍『勧進・国人・仏教文化——中世土佐幡多荘の寺院と地域社会（22世紀アート）』の書店流通版です。

勧進・国人・仏教文化

中世土佐幡多荘の寺院と地域社会

2024年5月31日発行

著　者　東近　伸
発行者　向田翔一

発行所　株式会社22世紀アート
〒103-0007
東京都中央区日本橋浜町3-23-1-5F
電話　03-5941-9774
Email: info@22art.net　ホームページ：www.22art.net

発売元　株式会社日興企画
〒104-0032
東京都中央区八丁堀4-11-10 第2SSビル 6F
電話　03-6262-8127
Email: support@nikko-kikaku.com
ホームページ：https://nikko-kikaku.com/

印刷
製本　株式会社PUBFUN

ISBN：978-4-88877-290-7